explorez

la martinique

Collectivité territoriale unique (France), surnommée «l'île aux fleurs»

Superficie: 1 100 km^2

Population: 376 500 habitants

Point le plus élevé: montagne Pelée (1 397 m)

Langues: français et créole

Monnaie: euro

Fuseau horaire: UTC -5 (hiver) / UTC -6 (été)

ULYSSE

Crédits

Auteur: Claude Morneau
Éditeur: Pierre Ledoux
Adjointe à l'édition: Annie Gilbert
Correction: Claire Thivierge
Conception graphique: Philippe Thomas
Conception de la couverture et mise en page: Judy Tan

Cartographie: Rachel Labrecque
Photographies: Première de couverture: *Madras* © iStockphoto.com/guy-ozenne.
Quatrième de couverture: *Montagne Pelée* © iStockphoto.com/Damien VERRIER. *Rose de porcelaine, Jardin de Balata* © iStockphoto.com/sigurcamp. *Anse d'Arlet* © iStockphoto.com/thierry64.

Remerciements

Nous reconnaissons l'appui financier du gouvernement du Canada.

Nous tenons également à remercier le gouvernement du Québec – Programme de crédit d'impôt pour l'édition de livres – Gestion SODEC.

Canada Québec

Guides de voyage Ulysse est membre de l'Association nationale des éditeurs de livres.

Note aux lecteurs

Tous les moyens possibles ont été pris pour que les renseignements contenus dans ce guide soient exacts au moment de mettre sous presse. Toutefois, des erreurs peuvent toujours se glisser, des omissions sont toujours possibles, des adresses peuvent disparaître, les prix et les horaires peuvent changer, etc.; la responsabilité de l'éditeur ou des auteurs ne pourrait s'engager en cas de perte ou de dommage qui serait causé par une erreur ou une omission. Par ailleurs, il incombe au voyageur de s'informer des conseils et avertissements émis par les autorit compétentes du gouvernement de son pays au sujet des pays et régions qu'il compte visiter.

Écrivez-nous

Nous apprécions au plus haut point vos commentaires, précisions et suggestions, qui permettent l'amélioration constante de nos publications. C'est avec plaisir que nous offrirons un de nos guides aux auteurs des meilleures contributions. Écrivez-nous à l'une des adresses suivantes, et indiquez le titre qu'il vous plairait de recevoir.

Guides de voyage Ulysse
4176, rue Saint-Denis, Montréal (Québec), Canada H2W 2M5, www.guidesulysse.com, texte@ulysse.ca

Les Guides de voyage Ulysse, sarl
127, rue Amelot, 75011 Paris, France, www.guidesulysse.com, voyage@ulysse.ca

Catalogage avant publication de Bibliothèque et Archives nationales du Québec et Bibliothèque et Archives Canada

Titre: Explorez la Martinique / Claude Morneau.
Noms: Morneau, Claude, 1961- auteur.
Description: 2e édition. | Mention de collection: Escale Ulysse | Comprend un index.
Identifiants: Canadiana 20190037075 | ISBN 9782894648858
Vedettes-matière: RVM: Martinique—Guides.
Classification: LCC F2081.2.M672 2020 | CDD 917.298/20453—dc23

Bibliothèque et Archives nationales du Québec
Dépôt légal – Quatrième trimestre 2020
ISBN 978-2-89464-885-8 (version imprimée)
ISBN 978-2-76587-344-0 (version numérique PDF)
ISBN 978-2-76587-345-7 (version numérique ePub)
Imprimé en Italie

sommaire

Terre volcanique sous les tropiques, pays créole aux mille couleurs, patrie d'Aimé Césaire et de Patrick Chamoiseau, lieu de naissance de l'impératrice Joséphine, petit bout de France dans les Antilles, site de production du seul rhum d'appellation d'origine contrôlée, île aux fleurs... la Martinique est belle et multiple.

Cette île baignée de lumière est source d'inspiration pour quiconque se donne la peine d'en faire la connaissance et de goûter à l'étonnante variété d'expériences qu'on peut y vivre: découverte des mystérieuses plages de sable noir du Nord-Caraïbe, qui ont jadis séduit Gauguin, et de celles du Sud, qui char-

ment les voyageurs d'aujourd'hui; visite de Saint-Pierre, la «ville martyre», et exploration de la montagne Pelée, son bourreau; excursion dans la forêt tropicale ou plongée aux abords du Rocher du Diamant; lèche-vitrine à Fort-de-France ou surf dans la presqu'île de la Caravelle; participation à un «vidé» pendant le carnaval ou danse sur des rythmes endiablés lors d'un spectacle de zouk…

Son soleil, sa mer, ses fonds blancs, ses traditions culinaires, son histoire tourmentée, sa poésie, sa musique, ses gens..., tout concourt à faire de la Martinique une destination qui ne ressemble à aucune autre, un lieu fascinant que l'on n'oublie jamais.

Claude Morneau voyage en Martinique et écrit sur cette île des Antilles depuis 1993. À l'origine de la création des Guides de voyage Ulysse et auteur de plusieurs autres guides, il occupe aujourd'hui la fonction de vice-président – éditions chez Ulysse, où il œuvre depuis plus de 30 ans.

Rose de porcelaine, Jardin de Balata.

le meilleur de la martinique

Le meilleur de la Martinique

la martinique

En 10 images emblématiques

1

Le Rocher du Diamant (p. 47)

2

La montagne Pelée (p. 14, 142)

Les yoles rondes (p. 15)

3

La Maison du Bagnard (p. 48)

4

5
Les barques colorées des pêcheurs

8
La fleur de balisier

6
Les champs de canne à sucre

9
Le cachot de Cyparis (p. 127)

7
Le moulin à vent de la Distillerie Trois-Rivières (p. 75)

10
La plage de la Grande Anse des Salines (p. 93)

En une escale de quelques heures

- Visite du centre de Fort-de-France, en s'attardant sur le Malecón, sur la place de la Savane et aux principaux monuments (Bibliothèque Schœlcher, cathédrale Saint-Louis, ancien Palais de Justice) (p. 28).
- Traversée jusqu'à la **Pointe du Bout** grâce à la navette maritime qui la relie à Fort-de-France (p. 177). Pour passer un peu de temps à la plage, prenez plutôt la navette menant à l'Anse Mitan (p. 59) ou à l'Anse à l'Âne (p. 58).

En une escale d'une journée

Ce qui précède plus…

- Une visite du bourg des Trois-Îlets (p. 59) et, non loin de là, du Domaine de La Pagerie (p. 59), lieu de naissance de l'impératrice Joséphine, ainsi que de la Savane des Esclaves (p. 60), de la Maison de la Canne (p. 60) et du Village de la Poterie (p. 64).

- Plutôt que de traverser à la Pointe du Bout et aux Trois-Îlets, vous avez suffisamment de temps pour vous rendre jusqu'à Saint-Pierre (p. 123), en visiter les ruines ainsi que le Château Depaz (p. 128), tout en admirant au passage l'imposante silhouette de la montagne Pelée.

En un séjour d'une semaine

- Les amateurs de plages, d'activités nautiques et de plongée choisiront de s'installer dans le sud de l'île (Pointe du Bout, Anse Mitan, Sainte-Luce, Sainte-Anne). Le séjour pourra alors comporter des excursions à la Grande Anse des Salines (p. 93), au bourg du Diamant (p. 46), sur la côte Sud-Atlantique pour découvrir les fonds blancs (p. 97), à Fort-de-France (p. 28) et même jusqu'à Saint-Pierre (p. 123).

En un séjour de deux semaines

- Peu importe le lieu de résidence, deux semaines permettent d'explorer aisément toutes les régions de la Martinique, un territoire de superficie modeste qui présente néanmoins des expériences extrêmement variées.

En 10 repères

1 Aimé Césaire

Figure marquante de la vie politique et artistique de la Martinique dont la stature demeure à ce jour inégalée. Maire de Fort-de-France de 1945 à 2001, fondateur du Parti progressiste martiniquais en 1958, député de 1946 à 1993, président du Conseil régional de 1983 à 1988, Aimé Césaire (1913-2008) a exercé un leadership politique d'une envergure peu commune. Également homme de lettres, il a produit une œuvre poétique qui a influencé la littérature antillaise et africaine de langue française. Son *Cahier d'un retour au pays natal* (1939) en a fait un phare et sa plume a défendu et valorisé la «négritude», terme qu'il a inventé pour désigner l'ensemble de la culture noire.

2 Békés

Le terme «békés» est utilisé pour désigner les Blancs créoles, descendants des premiers colons venus de France et qui, bien que peu nombreux (1% de la population), contrôlent encore aujourd'hui une part importante de l'économie de l'île: grandes exploitations agricoles, import-export, institutions financières, immobilier, tourisme.

3 Carnaval

Pendant un mois et demi, une multitude de concours, dont l'élection de reines de beauté, prépare la venue du Carnaval. Les festivités tant attendues débutent le vendredi soir précédant le mercredi des Cendres et égaient les lieux des jours durant. Chars allégoriques, musiciens, danseurs et autres festivaliers prennent alors d'assaut les rues de

Fort-de-France et d'autres villes de la Martinique, et la fête bat son plein. Le mercredi, le Carnaval se termine par la mort de Vaval (effigie du Carnaval), qui s'enflamme et se consume.

4 Créole

La Martinique, comme la Guadeloupe et Haïti, fut d'abord habitée par divers peuples autochtones, puis par des immigrants et des esclaves venus de diverses contrées. Réunis dans les plantations, ces individus ont dû adapter leur langue respective pour se comprendre. Le créole, qui tire ses origines du français, mais aussi de l'espagnol, du portugais, de dialectes africains et de quelques mots caraïbes, naquit de cette nécessité d'échanger. Langue des esclaves, il fut longtemps considéré comme du français déformé. La reconnaissance du créole en tant qu'élément de l'identité antillaise a permis de le valoriser comme langue parlée, mais aussi écrite.

5 Impératrice Joséphine

L'impératrice Joséphine est née Marie-Josèphe Rose Tascher de La Pagerie (1763-1814) aux Trois-Îlets. Elle y vécut jusqu'à son départ pour la France en 1779, alors qu'elle épousa Alexandre de Beauharnais. Elle revint brièvement au domaine natal en 1788, avec ses enfants Eugène et Hortense, puis retourna en France quelques années avant que son mari ne soit exécuté, en 1794, pendant la Révolution française. Elle-même échappa de justesse à la guillotine à la chute de Robespierre. Elle épousa Napoléon Bonaparte en 1796, qui la sacra impératrice.

En 10 repères *(suite)*

6 Littérature

Au cours du XXe s., une littérature antillaise aux accents et aux images propres a commencé à prendre forme. René Maran, lauréat du prix Goncourt de 1921 pour *Batouala – Véritable roman nègre*, a par exemple dénoncé les excès du colonialisme. Joseph Zobel a ensuite décrit la difficile condition des ouvriers noirs des plantations dans *La Rue Cases-Nègres* (1950), que la cinéaste Euzhan Palcy (Lion d'argent du Festival du film de Venise de 1983) adaptera à l'écran. Suivirent, entre autres, le poète Aimé Césaire, Édouard Glissant (prix Renaudot de 1958 pour *La Lézarde*), Patrick Chamoiseau (prix Goncourt de 1992 pour *Texaco*) et Raphaël Confiant, auteur du très beau roman *L'Allée des Soupirs*, dans la course jusqu'à la fin pour le Goncourt de 1994.

7 Montagne Pelée

La montagne Pelée est un volcan qui culmine à 1 397 m. Depuis l'arrivée des Français, quatre éruptions ont eu lieu, soit en 1792, en 1851, en 1902-1904, entraînant la destruction de Saint-Pierre, puis du Morne-Rouge, et la mort de 30 000 personnes, puis encore entre 1929 et 1932. Ces deux dernières éruptions (1902-1904 et 1929-1932) furent qualifiées de «péléennes», puisqu'on n'avait jamais auparavant observé l'émission de nuées ardentes de ce type.

8 **Victor Schœlcher** et l'esclavage

Dans les territoires français, il a fallu attendre jusqu'en 1848 avant que l'esclavage ne soit aboli à la suite d'une longue bagarre politique que

livra Victor Schœlcher, député de la Martinique et de la Guadeloupe. L'utilisation d'esclaves dans les plantations de canne à sucre remontait à aussi loin que 1642, l'année où Louis XIII autorisa la déportation d'Africains dans les Antilles françaises pour combler les besoins de main-d'œuvre.

9 Yoles rondes

Embarcation à voiles, spécialement équipée pour la compétition, dans laquelle 8 à 11 personnes prennent place. Le célèbre Tour de la Martinique des yoles rondes a lieu chaque année en juillet et août. Cette épreuve sportive majeure présente le spectacle de dizaines de bateaux aux grandes voiles colorées bataillant ferme pour la victoire. Parmi les concurrents, la glorieuse équipe du Robert jouit d'un prestige particulier.

10 Zouk

La musique anime la vie des Martiniquais en toute occasion. Parmi les rythmes sur lesquels ils dansent, le zouk, dont le plus célèbre porte-étendard fut le groupe Kassav', a fait le tour du globe depuis les années 1980. Pour plusieurs, il s'agit du premier courant de musique populaire véritablement originaire des Antilles françaises. Vigoureux, voire endiablé, et résolument moderne, ce genre musical n'en possède pas moins des racines profondément ancrées dans l'histoire et les traditions antillaises.

En 15 dates importantes

1 **1493:** Découverte de la Martinique par Christophe Colomb. Il y reviendra en 1502, débarquera sur la côte Caraïbe et prendra possession de l'île au nom de l'Espagne.

2 **1635:** Établissement des Français en Martinique et fondation de la ville de Saint-Pierre par Belain d'Esnambuc.

3 **1637:** Jacques du Parquet devient lieutenant général de la Martinique et entreprend le développement de la colonie. L'année suivante, il fait construire le fort Royal, à l'origine de Fort-de-France.

4 **1642:** Louis XIII autorise la déportation d'esclaves africains dans les Antilles françaises.

5 **1660:** Les Caraïbes, qui eux-mêmes avaient délogé les Arawaks de l'île au XIVe s., sont à leur tour décimés.

6 **1762:** Première occupation anglaise de la Martinique. Le traité de Paris (1763) rendra la Martinique et la Guadeloupe à la France en échange du Canada neuf mois plus tard.

7 **1794:** Les Anglais, en s'alliant aux royalistes, reprennent l'île pendant la Révolution française.

8 **1802:** Napoléon Ier récupère la Martinique grâce au traité d'Amiens.

9 **1809:** Nouvelle occupation anglaise de la Martinique, jusqu'à la signature du traité de Paris (1814).

10 **1848:** Abolition définitive de l'esclavage.

11 **1902:** Éruption de la montagne Pelée, entraînant 30 000 personnes dans la mort et la destruction complète de **Saint-Pierre**.

12 **1946:** La Martinique accède au statut de département français.

13 **1983:** La loi sur la décentralisation régionale mène à la création du Conseil régional de la Martinique. Aimé Césaire en est élu le premier président.

14 **2001:** Serge Letchimy succède à Aimé Césaire, maire de Fort-de-France pendant 56 ans.

15 **2010:** Par référendum, les Martiniquais se prononcent en faveur de la création d'une collectivité unique, exerçant les compétences du Conseil général et du Conseil régional. La Collectivité Territoriale de Martinique verra ainsi officiellement le jour le 1er janvier 2016.

En 5 randonnées pédestres

1. La Trace des Jésuites, un itinéraire facile qui permet à tous d'apprécier les richesses de la forêt tropicale humide (p. 142)
2. La randonnée classique sur le sentier qui relie Le Prêcheur à Grand'Rivière, à travers forêts sèches et humides (p. 134)
3. La montagne Pelée par Le Morne-Rouge, l'accès le plus direct bien que pas le plus facile (p. 144)
4. La Trace des Caps, un long sentier qui suit le littoral sud martiniquais entre l'Anse Caritan, près de Sainte-Anne, et la Petite Anse Macabou, au sud du Vauclin (p. 89)
5. Les sentiers de la **Réserve naturelle de la Caravelle**, dans la presqu'île du même nom (p. 155)

En 5 sites de plongée

1. Le Rocher du Diamant, le grand classique de la plongée en Martinique (p. 49)
2. La rade de Saint-Pierre, où l'on peut explorer des épaves de bateaux ayant coulé lors de l'éruption de la montagne Pelée en 1902 (p. 130)
3. Le Rocher de la Perle, en face de l'Anse Céron, aux alentours duquel évoluent de nombreuses espèces de poissons (p. 134)
4. La pointe Burgos, au nord du bourg des Anses-d'Arlet, pour la richesse de sa faune marine (p. 55)
5. La Grande Caye de Sainte-Luce, un récif corallien facilement accessible, idéal pour les baptêmes de plongée (p. 77)

En 10 icônes architecturales

1 La Bibliothèque Schœlcher, œuvre de l'architecte Pierre-Henri Picq, d'abord érigée dans le Jardin des Tuileries à Paris avant d'être démontée et relogée à Fort-de-France en 1893 (p. 33)

2 L'Habitation Clément (XVIIIe s.), dont la splendide maison de maître est classée monument historique (p. 102)

3 La cathédrale Saint-Louis, signée Pierre-Henri Picq, avec son haut clocher à armature métallique (59 m) qui s'impose comme point de repère majeur à Fort-de-France (p. 34)

4 Les cases créoles traditionnelles, dont celles du Carbet, particulièrement bien préservées (p. 118)

5 L'église Notre-Dame-de-l'Assomption-et-Saint-Joseph de Case-Pilote, l'une des deux plus anciennes de la Martinique (1776) (p. 115)

6 Les marchés couverts à structure métallique, notamment à Saint-Pierre (p. 130) et à Fort-de-France (p. 36)

7 L'**église de Balata**, réplique de la basilique du Sacré-Cœur dominant la végétation tropicale (p. 137)

8 Le fort Saint-Louis, édifice militaire dont la construction fut achevée en 1703 (p. 29)

9 L'étonnant Centre de Découverte des Sciences de la Terre, une structure parasismique aux lignes futuristes (p. 129)

10 La Maison de la Bourse de Saint-Pierre, fidèlement reconstituée en 1992 (p. 125)

En 10 plages

1 La Grande Anse des Salines, 1 km de sable fin caressé par une eau turquoise, tiède et peu profonde (p. 93)

2 La Grande Anse du Diamant, où la mer est agitée mais où le coup d'œil sur le Rocher du Diamant est spectaculaire (p. 47)

3 L'Anse Dufour et l'**Anse Noire**, deux plages voisines dont l'une est composée de sable blond et l'autre de sable noir (p. 54)

4 Les jolies plages des environs de Sainte-Luce, reliées les unes aux autres par un agréable sentier pédestre (p. 71)

5 La splendide plage de la Pointe Marin, à Sainte-Anne, prolongement de la réputée plage du Club Med Les Boucaniers (p. 88)

6 Le Cap Chevalier et ses plages sauvages à explorer : Anse Michel, Anse aux Bois, Pointe aux Pommes… (p. 95)

7 La Pointe Faula, où les fonds blancs se rendent jusqu'au bord du rivage (p. 100)

8 L'Anse Turin, qui a séduit Paul Gauguin (p. 118)

9 L'Anse Céron, une plage de sable noir tout au nord de l'île, qu'une rangée de cocotiers maintient sauvage et encore un peu secrète (p. 133)

10 L'Anse Bonneville, la favorite des adeptes du surf (p. 154)

En 5 expériences authentiques

1 Participer à un «vidé» pendant le Carnaval, alors que les Martiniquais se costument et descendent danser dans la rue (p. 12, 192)
2 Assister à un «chanté Nwel» (chanter Noël), au cours duquel des gens se regroupent pour entonner des cantiques traditionnels
3 Explorer la mangrove en kayak ou à bord d'un petit bateau (p. 61, 62, 95, 108)
4 Prendre un ti-punch sur les fonds blancs, entre les îlets au large du François (p. 104)
5 Fréquenter les **marchés colorés** tôt le matin, alors qu'ils s'avèrent particulièrement animés

En 5 expériences culturelles

1 Un spectacle de zouk au Tropiques Atrium de Fort-de-France (p. 41)
2 Une pièce de théâtre à l'historique Théâtre Aimé-Césaire, à Fort-de-France (p. 41)
3 Une introduction aux arts visuels contemporains martiniquais, à l'Habitation Clément (p. 102)
4 Un spectacle durant le Festival culturel de Fort-de-France (p. 192)
5 Une visite de l'espace culturel Les Foudres HSE de l'Habitation Saint-Étienne (p. 149)

En 5 distilleries

1. La Distillerie Trois-Rivières, près de Sainte-Luce, pour son village d'artisans et son moulin à vent emblématique (p. 75)
2. L'**Habitation Clément**, au François, et sa remarquable maison de maître, classée monument historique (p. 102)
3. L'Habitation Saint-Étienne de Gros-Morne, pour son ancienne distillerie restaurée et son espace culturel (p. 149)
4. La Distillerie Saint-James, à Sainte-Marie, son Musée du Rhum et le train des plantations qui la relie au Musée de la Banane (p. 162)
5. Le Château Depaz et l'Habitation Pécoul, à Saint-Pierre, reconstruits par Victor Depaz après l'éruption de 1902 et dont la distillerie est toujours en activité (p. 128)

En 5 vues exceptionnelles

1. La vue sur le Cul-de-Sac du Marin depuis la pointe Borgnesse, en bordure de la N5 (p. 83)
2. Le Rocher du Diamant depuis le sommet du morne Larcher (p. 49)
3. Les points de vue à couper le souffle qu'ouvrent les sentiers qui gravissent la montagne Pelée (p. 134, 144, 169)
4. La vue sur l'ensemble de la baie du Marin et tout le sud de la Martinique depuis l'observatoire du morne Gommier (p. 83)
5. La vue sur Saint-Pierre et la montagne Pelée depuis la route en venant du Carbet ou l'une des plages au sud de la ville

En 5 souvenirs à rapporter

1 Un bon rhum vieux, c'est-à-dire vieilli en fût, acheté directement chez l'un des producteurs de l'île, comme la Distillerie Neisson (p. 118)

2 Des paniers ou des chapeaux de paille que les artisans de la Vannerie du Morne des Esses tressent selon une méthode empruntée aux Caraïbes (p. 164)

3 Des vases, jarres ou carafes que des potiers du Village de la Poterie des Trois-Îlets façonnent la manière des Arawaks ou des Caraïbes (p. 64)

4 Des vêtements et autres linges de maison en **madras** (coiffes, robes, tabliers, centres de table), un tissu apporté à l'origine aux Antilles par les immigrants indiens venus remplacer les esclaves dans les champs après l'abolition de l'esclavage, à la Maison du Madras (p. 78)

5 Des bijoux traditionnels, parmi lesquels figurent le collier chou et la chaîne forçat, dans l'une des boutiques du Village Créole de la Pointe du Bout (p. 64)

En 10 classiques de la cuisine créole

1 Des accras de morue Chez Geneviève (p. 38), à Fort-de-France, ou au New Cap (p. 51), au Diamant

2 Du **boudin créole** au restaurant Le Bambou du Morne-Rouge (p. 146) ou au Ti-Sable de Grande Anse (p. 56)

3 Un ragoût de cabri au restaurant Le Moulin à Cannes, à Saint-Pierre (p. 131)

4 Une soupe z'habitants (grosses écrevisses) à La Chaudière, au Morne-Rouge (p. 146)

5 Un féroce d'avocat au Fromager, à Saint-Pierre (p. 131)

6 Une fricassée de crabe ou d'écrevisses Chez Tante Arlette, à Grand'Rivière (p. 169)

7 Un colombo de poulet à La Cour créole, à Sainte-Anne (p. 90)

8 Une langouste grillée au restaurant Les Tamariniers, à Sainte-Anne (p. 91)

9 Une banane flambée au restaurant Le Bambou, à Morne-Rouge (p. 146)

10 Une glace artisanale chez Ziouka Glaces (p. 121), au Carbet, ou au Panda Givré (p. 78), à Sainte-Luce

En 5 tables créatives

1. The Yellow à Fort-de-France, qui propose une fusion originale des cuisines antillaise et française (p. 39)
2. **Le Zandoli**, sur les hauteurs de l'Anse Mitan, l'une des meilleures tables créatives de la Martinique tout entière (p. 67)
3. Le Koud'Pouss, à Marigot, pour sa cuisine raffinée et ses plats artistiquement présentés (p. 166)
4. Le Colibri Parfumé, au Morne des Esses, où l'imagination du chef ne semble connaître aucune limite (p. 164)
5. Les Fines Bouches, à Fort-de-France, à la fois épicerie fine, boutique dédiée aux arts de la table et restaurant au menu inventif (p. 40)

En 5 bonnes tables

1. Le restaurant **Case Coco**, installé dans une séduisante case colorée de Sainte-Luce (p. 78)
2. Le Petibonum et sa cuisine franco-créole à savourer sur une grande terrasse donnant sur la plage du Coin, au Carbet (p. 121)
3. Le 1643, où des spécialités créoles traditionnelles sont servies dans le cadre unique d'une habitation historique du Carbet (p. 122)
4. Pura Vida, à Sainte-Luce, avec sa cuisine métissée et son décor influencé par l'Amérique centrale (p. 79)
5. Le Zanzibar, installé dans une maison qui fait face à la mer au Marin (p. 86)

En 6 gîtes et maisons d'hôte de charme

1 La Maison Clémentine, une jolie maison d'hôte toute blanche sur les hauteurs de Fort-de-France (p. 42)
2 Le Relais de la Maison Rousse, installé dans un domaine qui surplombe une rivière à Fonds-Saint-Denis (p. 141)
3 La Résidence Douce Vague, l'un des nombreux immeubles d'appartements équipés de Gros Raisins, à Sainte-Luce (p. 80)
4 La Maison de l'Îlet Oscar, une maison créole sur une île déserte au large du François (p. 105)
5 Le Hameau du Morne des Cadets, situé dans une exploitation maraîchère biologique de Fonds-Saint-Denis (p. 141)
6 Le **Domaine des Bulles**, au Vauclin, et ses chambres d'hôtes qui sortent vraiment de l'ordinaire (p. 101)

En 5 hôtels de rêve

1 La Suite Villa, un splendide hôtel-boutique des hauteurs de l'Anse Mitan, décoré de nombreuses œuvres d'art contemporain (p. 70)
2 Le Domaine Saint-Aubin, à La Trinité, un hôtel de charme entouré de fleurs (p. 152)
3 Le «bungal'arbre» du Domaine de Robinson, une vraie maison dans un arbre à l'Anse Noire (p. 57)
4 L'Hôtel Plein Soleil, six maisons créoles avec vue sur la mer au François (p. 105)
5 L'Hôtel La Pagerie, un élégant établissement de la Pointe du Bout doté d'un magnifique jardin tropical (p. 69)

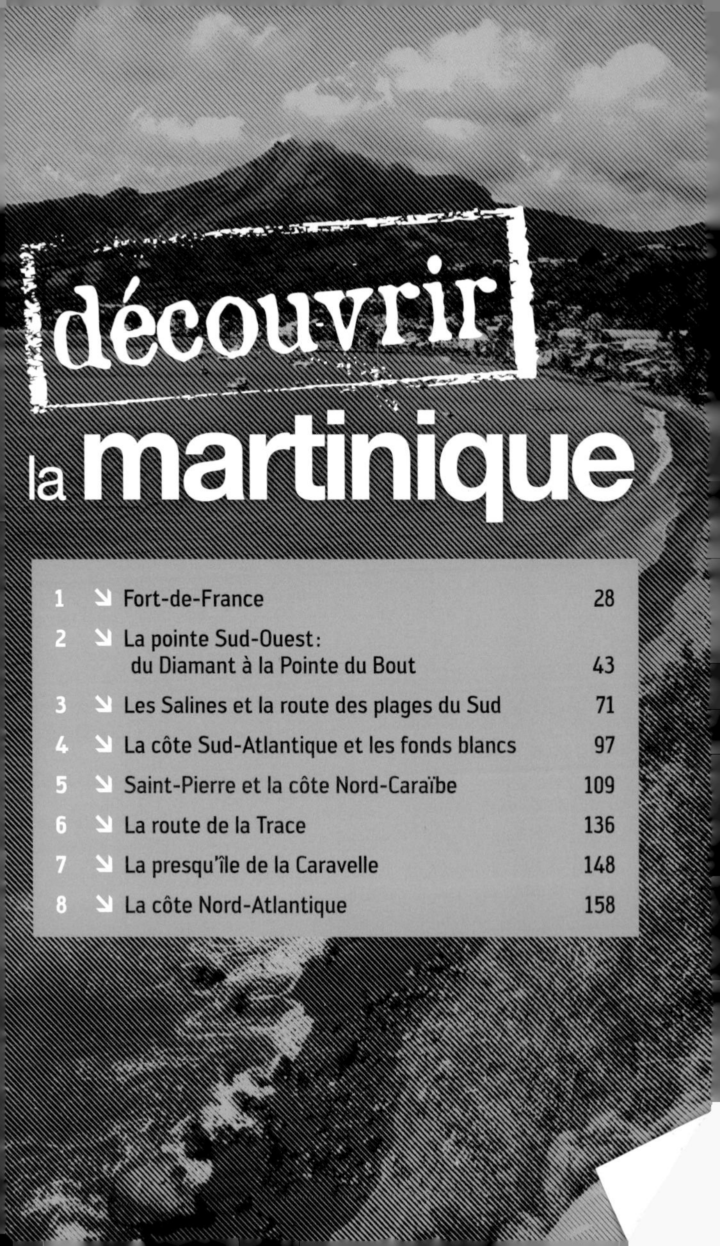

découvrir la martinique

1

Fort-de-France

Cachée tout au fond de la splendide baie des Flamands, **Fort-de-France** ★ est une petite ville grouillante aux rues commerçantes affairées. Son centre-ville s'étend autour de la place de la Savane, un vaste espace vert agréablement aménagé. Chef-lieu de la Martinique, Fort-de-France en est aussi la ville la plus importante. Un peu plus de 20% des Martiniquais, soit environ 80 000 personnes, y vivent.

Théâtre d'importants travaux effectués ces dernières années, le centre de Fort-de-France présente aujourd'hui un visage renouvelé : jolie promenade en bord de mer dénommée le « Malecón », infrastructures de transport collectif (le tramway sur pneus qui relie la ville à l'aéroport a enfin été mis en service en 2018), centre d'affaires de la Pointe Simon que domine l'audacieuse tour Lumina, nouvelles installations pour l'accueil des croisiéristes.

Il faut compter une journée pour la visite. Tous les monuments sont situés dans un périmètre restreint, facilitant leur découverte à pied. La circulation automobile s'avère un peu dense, si bien qu'il est plus commode d'accéder à la ville par les navettes maritimes venant de la Pointe du Bout et de ses environs, ou de Case-Pilote sur la côte Nord-Caraïbe. Si vous comptez tout de même vous y rendre en voiture, le stationnement sous-terrain du centre commercial Cour Perrinon (entrée rue de la République) est le plus pratique.

Très animée le jour, particulièrement en matinée, Fort-de-France devient pratiquement déserte en soirée. La vie nocturne y est limitée, en semaine surtout, et il est alors préférable d'éviter certaines rues.

Le circuit débute devant le fort Saint-Louis, à l'angle des bou-

Fort Saint-Louis.

levards Alfassa et Chevalier-de-Sainte-Marthe.

À voir, à faire

(voir carte p. 31)

Fort Saint-Louis ★ [1]

8€; visites guidées mar-sam 9h à 12h et 14h à 16h; se procurer les billets au kiosque de renseignements touristiques de la place de la Savane, 05.96.75.41.44

Cette forteresse s'élève sur l'emplacement du premier fortin de bois que fit ériger le lieutenant général du Parquet en 1638, le fort Royal. Le gouverneur de Baas ordonna plus tard son renforcement par le creusement d'un fossé tout autour et l'érection de hautes murailles de pierres. Sa construction sera achevée vers 1703. L'histoire du fort Royal, qui deviendra le fort Edward lors des brèves occupations anglaises (1762, 1794 et 1809) avant de prendre le nom de fort Saint-Louis en 1814, sera des plus mouvementées. Il servira notamment à contrer les attaques des Hollandais (1674) et des Anglais (1759). L'état-major de la Marine française aux Antilles-Guyane y loge depuis la Seconde Guerre mondiale.

Plage de la Française [2]

Le nettoyage et la réactivation de cette petite plage située au pied du fort Saint-Louis comptent parmi les bons coups réalisés durant les travaux des dernières années à Fort-de-France. Elle fait en quelque sorte partie de la nouvelle promenade du front de mer, aussi appelée «**Malecón**» [3], qui longe la baie des Flamands entre le fort et la Pointe Simon.

Fort-de-France

À voir, à faire ★

1. DZ Fort Saint-Louis
2. DZ Plage de la Française
3. CZ Malecón
4. DZ Place de la Savane
5. DY Bibliothèque Schœlcher
6. CZ Musée Départemental d'Archéologie Précolombienne et de Préhistoire de la Martinique
7. CY Cathédrale Saint-Louis
8. CY Ancien Palais de Justice/Espace Camille-Darsières
9. CY Monument à Victor Schœlcher
10. CY Place de l'Enregistrement
11. CX Ancien Hôtel de Ville/Espace muséal Aimé Césaire
12. BX Parc culturel Aimé-Césaire
13. DX Musée régional d'histoire et d'ethnographie

Achats ■

14. CY Carrefour Market
15. CY Centre commercial Cour Perrinon
16. BY Grand Marché
17. CZ Kiosques de la Savane
18. BZ Kiosques du Malecón
19. BY La Kazabul/La Kazajeux
20. BY La Tivolienne
21. CY Librairie Antillaise
22. BX Marché aux poissons
23. BY Marché aux viandes
24. DX Marché Lafcadio-Hearn
25. BY Pâtisserie Surena
26. CY PrésenceKreol

Cafés et restos ●

27. BY Chez Geneviève
28. BY Djol Dou
29. CZ Kiosques de la Savane
30. EX Le Babaorum
31. CY Le Joséphine
32. BY Le Vieux Foyal
33. AX Les Fines Bouches
34. CY Lina's Café
35. CY The Yellow

Bars et boîtes de nuit ☽

36. CY Dream Cabaret NightClub
37. BY Garage Popular
38. CY Le bar de l'hôtel L'Impératrice

Culture et divertissement ♦

39. BX Grand Carbet
40. CX Théâtre Aimé-Césaire
41. DY Tropiques Atrium

Logement ▲

42. CZ Fort Savane
43. CY L'Impératrice
44. EZ La Valmenière Hôtel
45. AX Maison Clémentine
46. BZ Simon Hôtel

Localisation
Place José-Martí
rue Gabriel-Péri
bd Général-de-Gaulle
N1
N3
N4
rue du Pavé
rue du Capitaine-P.-Rose
rue du Capitaine Manuel
route de la Folie
H
N
bd Adhémar Modock
bd Allègre
Rivière Madame
rue Perrinon
rue Victor-Sévère
rue de la République
rue Papin-Dupont
rue Louis-Blanc
rue du Général-Galliéni
rue du Capitaine Manuel
rue du Pont Démosthène
route des Religieuses
rue François-Arago
rue Isambert
rue Moreau-de-Jonnes
rue Lamartine
rue Antoine-Siger
rue Blénac
rue Victor-Hugo
rue Victor-Schœlcher
rue Perrinon
rue du Gouv.-Félix-Éboué
rue de la redoute du Marouba
rue Jacques-Cazotte
rue Lazare-Carnot
rue Bouillé
av. des Caraïbes
av. Maurice Bishop
rue Garnier-Pagès
Place Mgr-Romero
rue de la Liberté
Pont de l'Abattoir
rue Ernest-Desproges
bd Alfassa
rue de la Pointe-Simon
rue du Commerce
Place de la Savane
bd Chevalier-de-Sainte-Marthe
Terminal de croisières
Quai des Tourelles
Malecón
Baie du Carénage
Rue Loulou Boislaville
Terminal de croisières
Pointe Simon
Case-Pilote
Les Trois-Îlets, Pointe du Bout, Anse Mitan, Anse à l'Âne
Baie des Flamands
Fort Saint-Louis
Sainte-Lucie, Dominique
0
125
500m
©ULYSSE
a
b
c
d
e
x
y
z
1 2 3 4 5 6 7 8 9 10 11 12 13 14,15,21 16 17 18 19 20 22 23 24 25 26 27 28 29 30 31 32 33 34 35 36 37 38 39 40 41 42 43 44 45 46

Les iguanes du fort Saint-Louis

Au début du siècle dernier, la Société d'Histoire de la Martinique aménagea un jardin zoologique dans le fort Saint-Louis. On fit alors venir des animaux des quatre coins de la Caraïbe, incluant de nombreux iguanes provenant de Guyane, de Guadeloupe et de l'îlet Chancel, dans le havre du Robert.

L'expérience ne dura que bien peu de temps et, à la fermeture des portes du zoo, les animaux furent vendus ou donnés... sauf les iguanes, qui hantent toujours les lieux et que l'on peut à l'occasion apercevoir au cours des visites guidées.

Ces iguanes, de couleurs verte et jaune, peuvent atteindre 1,6 m de long. Ils sont inoffensifs, sauf peut-être en mars pendant la période de reproduction, alors que les mâles peuvent devenir belliqueux.

Place de la Savane ★★★ [4]
Grande étendue de verdure de 5 ha agrémentée d'allées fleuries, de majestueux palmiers royaux, de bancs où plusieurs se délassent, de terrains de jeu où les enfants s'amusent et d'étals vendant nourriture et souvenirs, cette fameuse place constitue le lieu de rendez-vous des Foyalais. On y remarque aussi quelques statues qui rendent hommage à des personnages historiques, comme le **monument à Belain d'Esnambuc**, qui prit possession de l'île au nom de la France en 1635. Cette statue de bronze datant de 1955 est l'œuvre du sculpteur Marcel Armand Gaumont, également décorateur du paquebot *Île de France* (1949). La **statue de l'impératrice Joséphine** se dresse quant à elle au nord de la place. Cette œuvre de marbre blanc rappelle que c'est en Martinique que vit le jour Marie-Josèphe Rose Tascher de La Pagerie (1763-1814), qui allait devenir l'épouse de Napoléon Ier. Elle fut réalisée en 1859 par le sculpteur Gabriel Vital Dubray (1813-1892). En 1991, on l'amputa de sa tête, méfait rappelant que bien des Martiniquais n'ont jamais pardonné à Joséphine que Bonaparte rétablisse l'esclavage sur ses conseils en 1802...

Bibliothèque Schœlcher.

Bibliothèque Schœlcher ★★★ [5]

entrée libre; lun 13h à 17h30, mar-jeu 8h30 à 17h30, ven 8h30 à 17h, sam 8h à 12h; rue de la Liberté, 05.96.55.69.30, http://mediatheques.collectivitedemartinique.mq

Ce joli bâtiment est l'une des icônes de la ville et de la Martinique entière. Il fut d'abord érigé dans le Jardin des Tuileries à Paris avant d'être démonté et relogé à son emplacement actuel en 1893. Œuvre de l'architecte Pierre-Henri Picq, son style reste toutefois difficile à définir: néo-oriental pour les uns, romano-byzantin pour les autres, baroque pour les plus prudents. La bibliothèque porte le nom de Victor Schœlcher, un député qui lutta pour l'abolition de l'esclavage dans les colonies. Convaincu de l'importance de favoriser l'éducation de la population noire, il fit don à la Martinique de sa collection personnelle de 10 000 livres en 1883, en demandant qu'une bibliothèque publique soit créée.

Revenez sur vos pas par la rue de la Liberté, que bordent nombre de beaux bâtiments abritant hôtels, bars, restaurants et boutiques.

Musée Départemental d'Archéologie Précolombienne et de Préhistoire de la Martinique ★ [6]

4€; lun 13h à 17h, mar-ven 8h à 17h, sam 9h à 12h; 9 rue de la Liberté, 05.96.71.57.05

Ce musée raconte l'implantation des Arawaks puis des Caraïbes sur le territoire martiniquais. Plus de 1 000 pièces (poteries, figurines, coupes gravées, etc.) issues de fouilles archéologiques relatent l'histoire précoloniale de la Martinique de 4000 av. J.-C. à 1660 apr. J.-C. Le musée occupe l'ancien édifice d tendance militaire, construit en

Empruntez la rue Blénac jusqu'à la place Monseigneur-Romero.

Cathédrale Saint-Louis ★ [7]

rue Victor-Schœlcher

La haute flèche qui coiffe le clocher (59 m) de la cathédrale Saint-Louis en fait un point de repère visible de loin. Une nouvelle version de cette flèche, dont l'armature métallique est dorénavant complètement ouverte, a été installée en 2016, à l'occasion d'un projet de restauration du monument. L'église actuelle, signée Pierre-Henri Picq, la septième construite sur ce site, fut inaugurée en 1895, mais les tremblements de terre de 1946 et de 1953 forcèrent la démolition en 1971 du clocher original, devenu instable, et son remplacement en 1979. Les vitraux du lieu de culte en relatent l'histoire tumultueuse. Trois gouverneurs généraux furent par ailleurs inhumés dans le chœur: de Blénac, d'Éragny et d'Amblimont.

Tournez à droite dans la rue Victor-Schœlcher.

Ancien Palais de Justice ★ [8]

angle de la rue Moreau-de-Jonnes et de la rue Victor-Schœlcher

L'ancien Palais de Justice de Fort-de-France arbore une architecture d'inspiration néoclassique. Il abrite aujourd'hui l'**Espace Camille-Darsières**, un centre culturel comprenant des ateliers d'artistes et une galerie d'art contemporain. Devant le bâtiment qui fait face à la rue Victor-Schœlcher s'élève le **monument à Victor Schœlcher** [9], que Marquet de Vaselot a réalisé en 1904, alors que le Palais de Justice lui-même ne fut inauguré qu'en 1907. L'ouvrage présente Schœlcher accompagnant sur le chemin de l'éducation un enfant d'esclave devenu libre.

À l'arrière, la **place de l'Enregistrement** ★ [10], avec ses terrasses de cafés, fait office d'agréable trait d'union entre l'ancien Palais de Justice et le centre commercial Cour Perrinon (voir plus loin).

Tournez à gauche dans la rue Victor-Sévère.

Ancien Hôtel de Ville ★ [11]

rue Victor-Sévère, angle rue de la République

L'ancien Hôtel de Ville de Fort-de-France abrite officiellement un théâtre depuis les années 1980, devenu aujourd'hui le Théâtre Aimé-Césaire (voir plus loin). En fait, même à l'époque où la mairie y logeait, une salle de théâtre à l'italienne cohabitait déjà avec les fonctions administratives. L'édifice fut construit en 1901. Outre des représentations théâtrales, on y tient occasionnellement des expositions artistiques, et l'**Espace muséal Aimé Césaire** *(4€; lun-mar et jeu 7h30 à 14h30, mer et ven 7h30 à 13h; 05.96.59.61.33)*, qui rend hommage à celui qui fut maire de Fort-de-France de 1945 à 2001, a été aménagé dans son ancien bureau à l'étage.

Poursuivez jusqu'au bout de la rue Victor-Schœlcher.

Fort-de-France

Ancien Palais de Justice.

Cathédrale Saint-Louis.

Parc culturel Aimé-Césaire [12]

Situé derrière la place José-Martí, l'ancien Parc Floral a été rebaptisé en 2008, puis entièrement réaménagé. Ce jardin botanique présente plusieurs espèces de fleurs, de plantes et d'arbres tropicaux. De nombreuses manifestations culturelles (expositions, concerts) y sont également organisées.

Empruntez le boulevard du Général-de-Gaulle vers l'est.

Musée régional d'histoire et d'ethnographie ★★ [13]

3€; lun et mer-ven 8h30 à 17h, mar 14h à 17h, sam 8h à 12h30; 10 bd du Général-de-Gaulle, 05.96.72.81.87

Installé dans une splendide maison bourgeoise du XIXe s., rare exemple du genre encore visible à Fort-de-France, ce musée quelque peu

Visites guidées de Fort-de-France

L'**Office de tourisme Centre Martinique** *(29 rue Victor-Hugo, 05.96.80.00.70, http://tourisme-centre.fr)* organise périodiquement des visites guidées thématiques à pied. Comptez 15€. Réservations nécessaires.

Comme ces activités ne sont programmées que quelques fois par mois, l'Office de tourisme propose également de découvrir la ville à l'aide d'un audioguide *(5€)*.

Grand Marché

excentré mérite une visite afin d'y découvrir son importante collection de costumes, de bijoux et de pièces de mobilier créoles, ainsi que d'instruments de musique traditionnelle.

Achats *(voir carte p. 31)*

L'activité commerciale est trépidante à Fort-de-France, sauf le samedi après-midi et le dimanche, alors qu'à peu près tout est fermé. Plusieurs des rues du centre-ville accueillent le reste du temps des milliers de clients chaque jour. Parmi celles-ci, les rues Victor-Hugo, Moreau-de-Jonnes, Antoine-Siger, Victor-Schœlcher et de la République (en partie piétonne) possèdent les plus belles boutiques. Le centre commercial Cour Perrinon, inauguré en 2008, contribue aussi à la vitalité commerciale du centre-ville.

Alimentation

Pour l'activité débordante qu'on y découvre, pour la boustifaille qu'on s'y fait offrir à grands coups de superlatifs, pour le pittoresque de l'expérience, pour les senteurs et les couleurs, la visite des marchés de Fort-de-France s'impose:

Grand Marché [16]
lun-ven 4h30 à 16h, sam 4h30 à 14h; à l'angle des rues Blénac et Isambert

Un vaste bazar couvert où il n'y a rien que l'on ne puisse trouver: fruits, légumes, épices, fleurs, plantes médicinales, artisanat... Comparez les prix, car ils peuvent varier sensiblement d'un étal à l'autre. Le Grand Marché, dont la structure métallique a été restaurée en 2018-2019, abrite aussi quelques *snacks* où l'on peut manger pour pas trop cher.

Marché aux poissons [22]

lun-sam; à l'angle des boulevards Allègre et du Général-de-Gaulle

Au bord de la rivière Madame. Choix de poissons qui varie d'une journée à l'autre. Pour maximiser vos chances d'y faire de bons achats, il faut vous y rendre très tôt le matin.

Marché aux viandes [23]

lun-sam; rue Antoine-Siger, en face du Grand Marché

Nombreux étals de bouchers dans une structure d'acier centenaire, récemment restaurée de belle façon.

Marché Lafcadio-Hearn [24]

lun-sam 5h à 16h; à l'angle du bd du Général-de-Gaulle et de la rue du Pavé

Marché de fruits et légumes en plein air, plus authentique aux yeux de plusieurs que le Grand Marché. Également marché aux fleurs.

D'autres adresses où se procurer des denrées alimentaires au cœur de Fort-de-France:

Carrefour Market [14]

rez-de-chaussée du centre commercial Cour Perrinon, 18 rue Moreau-de-Jonnes

Le plus grand supermarché du centre-ville.

La Tivolienne [20]

147 rue Victor-Hugo, 05.96.63.14.21, www.lativolienne.fr

Vitrine d'un célèbre torréfacteur foyalais à l'œuvre depuis 1940. Outre les cafés traditionnels, espresso, arabica et décaféiné maison, on y propose de réputées confitures de banane et de goyave.

Pâtisserie Surena [25]

83 rue Victor-Hugo, 05.95.70.28.42, https://patisserie-surena.fr

Les dents sucrées trouveront leur bonheur dans cette vénérable institution foyalaise ayant ouvert ses portes en 1906: croissants, pains au chocolat, chaussons aux pommes et savoureux pâtés à la confiture de fruits des îles dénommés «Robinson».

Artisanat et souvenirs

Kiosques de la Savane [17] et du Malecón [18]

place de la Savane, le long de la rue de la Liberté, et près de la pointe Simon

Une agréable allée ponctuée de kiosques borde la place de la Savane. Certains proposent des marchandises variées: t-shirts, poupées, madras, bijoux, etc. D'autres marchands de souvenirs en tous genres sont installés sous de grandes tentes sur le Malecón, près du quai des bateaux de croisière de la pointe Simon.

Centres commerciaux

Centre commercial Cour Perrinon [15]

18 rue Moreau-de-Jonnes, 05.96.73.71.82, http://cour-perrinon.com

En 2008, l'ouverture de ce mail intérieur climatisé a grandement contribué à relancer l'activité commerciale au centre de Fort-de-France. On y trouve une trentaine de commerces (supermarché, boutiques, restaurants) répartis sur plusieurs niveaux, ainsi qu'un stationnement souterrain.

La Kazabul.

Livres

La Kazabul [19]
135-137 rue Lamartine, 05.96.71.10.08,
www.kazabulmartinique.fr

Les amateurs de bandes dessinées, mangas et *comics* retrouveront ici tous leurs héros. À l'étage, on découvre aussi **La Kazajeux** *(05.96.71.10.09, www.kazajeux.fr)*, un espace consacré aux jeux de société.

Librairie Antillaise [21]
centre commercial Cour Perrinon,
05.96.60.05.62,
www.librairieantillaise.com/martinique

Excellente adresse où l'on peut dénicher à peu près n'importe quel livre, du guide de voyage à l'album illustré sur la Martinique, en passant par le plus récent roman du dernier auteur antillais en vue.

PrésenceKreol [26]
40 rue Antoine-Siger, 05.96.30.46.36,
www.facebook.com/presencekreol

Cette adorable librairie propose une belle sélection d'ouvrages antillais et sud-américains.

Cafés et restos

(voir carte p. 31)

Chez Geneviève € [27]
lun-sam matin et midi; Grand Marché,
à l'angle des rues Blénac et Isambert,
05.96.71.93.09

Le Grand Marché abrite quelques *snacks* de qualité variable qui permettent néanmoins de manger à prix doux tout en s'imprégnant de son animation particulière. Parmi eux, Chez Geneviève, situé à l'étage, se distingue avec notamment ses salades, son assiette créole (accras, boudin) et son colombo de poulet. Menu complet incluant un apéritif à 18€.

Djol Dou €€ [28]
lun-ven midi; 27 rue Garnier-Pagès, 05.96.63.10.84
Minuscule resto dont le nom signifie «fine gueule», qui propose une cuisine «locale, végétarienne et bio». Réputé pour ses salades concoctées avec des légumes cueillis le jour même, ses bons jus de fruits frais (mangues, caramboles, cerises-pays...) et ses poissons servis en généreuses portions. Au dessert, la crème de passion est un *must*. Il faut disposer de suffisamment de temps, car le service est un peu lent.

Kiosques de la Savane €€ [29]
horaires variables; place de la Savane, le long de la rue de la Liberté
Certains des kiosques qui s'alignent en bordure ouest de la place de la Savane proposent des mets divers que l'on peut manger sur des terrasses voisines (spécialités créoles simples, mets végétariens, *fish and chips*, hamburgers). Compte tenu du parc adjacent, voilà un cadre fort agréable pour un déjeuner rapide au cœur de Fort-de-France.

Lina's Café €€ [34]
lun-ven 7h à 18h, sam 7h à 16h; 15 rue Victor-Hugo, 05.96.71.91.92
L'endroit idéal pour s'offrir un sandwich, une salade ou, tout simplement, un bon café et une pâtisserie. Après avoir fait son choix au comptoir, on s'installe dans une salle sans artifice meublée de petites tables entourées de fauteuils colorés.

Le Vieux Foyal €€€ [32]
22 rue Garnier-Pagès, 05.96.77.05.49
Resto-bar établi dans une maison centenaire typiquement foyalaise. On peut prendre place dans sa petite salle à manger, dans sa jolie cour intérieure (notre choix!) ou à sa minuscule terrasse donnant sur la rue. Au menu, langoustes et spécialités créoles, comme la fricassée de chatrou ou de lambis. Musiciens jazz présents le jeudi soir.

The Yellow €€€ [35]
lun-sam midi et soir; 51 rue Victor-Hugo, 05.96.75.03.59, www.the-yellow.fr
Resto au décor ensoleillé le jour, habillé de jaune et de rouge, dont l'ambiance devient plus intime en soirée grâce à un éclairage tamisé. Menu restreint mais créatif, qui change chaque semaine et combine cuisine antillaise (poissons accompagnés de purée de bananes plantains, ravioles d'oursin) et française (foie gras, rognons, carré de porc au miel). Bon choix de cocktails.

Le Babaorum €€€€ [30]
lun-ven midi et soir, sam soir seulement; 42 route de Chateaubœuf, 05.96.75.03.32, www.lebabaorum.com
Établissement coloré dont la salle est aménagée comme une terrasse de maison coloniale dans un quartier excentré. Le menu propose une fusion des cuisines créole et française: magret de canard, gratin de crabe, Saint-Jacques en papillote, viandes diverses. Le bar sert tous les rhums martiniquais. Musicien[illegible] jeudi soir. Notez qu'il est obliga[illegible]

Théâtre Aimé-Césaire.

d'éteindre son téléphone portable; s'il sonne, on ajoute une bouteille de champagne à votre addition!

Le Joséphine €€€€ [31]
lun-sam midi et soir; 15 rue de la Liberté, 05.96.63.06.82, www.limperatricehotel.fr
Ce restaurant à la réputation quelque peu surfaite propose une cuisine créole correcte dans l'ambiance romantique d'un cadre élégamment rétro (beaux meubles anciens en acajou). Le buffet créole du jeudi midi s'avère très couru. À l'étage de l'hôtel L'Impératrice, qui donne sur la place de la Savane.

Les Fines Bouches €€€€ [33]
mar-sam midi et soir; 41 rue du Professeur Raymond-Garcin, 05.96.71.07.10, www.lesfinesbouches.com
Épicerie fine, boutique dédiée aux arts de la table et restaurant de cuisine raffinée, voilà Les Fines Bouches, un établissement au décor élégant installé dans une jolie maison créole de la route de Didier, sur les hauteurs de la ville. Menu créatif qui change chaque jour et fait la part belle aux spécialités bio. Une adresse unique en son genre en Martinique.

Bars et boîtes de nuit

(voir carte p. 31)

Dream Cabaret NightClub [36]
jeu 19h30 à 6h, ven-sam 23h à 6h; centre commercial Cour Perrinon, 05.96.26.49.66, www.facebook.com/dreamclubmartinique
La boîte de nuit de l'heure à Fort-de-France donne sur l'agréable place de l'Enregistrement. Des spectacles variés y sont présentés, avant que les DJ prennent la relève jusqu'au petit matin.

Garage Popular [37]
lun-jeu 12h à 23h45, ven 12h à 2h, sam 18h30 à 2h; 121 rue Lamartine, 05.96.79.86.76, www.facebook.com/garagepopular

Resto-bar à l'ambiance festive, meublé de fauteuils en forme de sièges d'automobile et décoré de plaques d'immatriculation, de barils de pétrole, d'enjoliveurs de roue et de bibendums Michelin. Petite restauration (tartines, salades).

Le bar de l'hôtel L'Impératrice [38]
15 rue de la Liberté

Ce bar mythique ouvert sur la place de la Savane est tout indiqué pour prendre l'apéro. S'offrir un ti-punch à L'Impératrice est une sorte de rituel foyalais auquel vous ne devriez pas vous priver de participer.

Culture et divertissement
(voir carte p. 31)

Grand Carbet [39]
place José-Marti, 05.96.71.33.96

Située au cœur du parc culturel Aimé-Césaire, cette salle présente des spectacles de toutes sortes et constitue l'un des points de ralliement lors du Festival culturel de Fort-de-France en juillet.

Théâtre Aimé-Césaire [40]
rue Victor-Sévère, angle rue de la République, 05.96.59.43.29

Aménagé dans l'ancien Hôtel de Ville, le Théâtre Municipal a été rebaptisé en 2009 du nom de celui qui fut maire de Fort-de-France pendant plus de 50 ans.

Tropiques Atrium [41]
6 rue Jacques-Cazotte, 05.96.70.79.29, https://tropiques-atrium.fr

Nom donné au Centre Culturel Départemental de la Martinique, inauguré en 1998. Dans un bâtiment massif, la salle Aimé Césaire, une grande salle de spectacle de près de 1 000 places, et une plus intime, la salle Frantz Fanon (300 places), se consacrent à la musique, à la danse, au théâtre et au cinéma. D'autres salles servent à des expositions artistiques diverses et à des activités pour les enfants.

Logement
(voir carte p. 31)

L'Impératrice €€€€ [43]
15 rue de la Liberté, 05.96.63.06.82, www.limperatricehotel.fr

Il a toujours fière allure, celui-là, avec sa superbe façade dont les lignes évoquent les grands paquebots. Vingt-quatre chambres aux modestes dimensions, mais confortables et garnies de beaux meubles créoles.

La Valmenière Hôtel €€€€ [44]
av. des Arawaks, 05.96.75.75.75, www.karibea.com

Hôtel dont on aperçoit l'audacieuse silhouette se profiler lorsqu'on quitte la ville en route vers l'aéroport du Lamentin. Bel immeuble de verre, auquel des passerelles et des balcons suspendus donnent un air futuriste. Abrite 120 chambres, salles de conférences, un centre

Place de la Savane.

conditionnement physique et une piscine.

Maison Clémentine €€€€ [45]

22 route de l'Union, quartier Didier, 05.96.64.96.00, https://lamaisondeclementine.com

Jolie maison d'hôte toute blanche et entourée de fleurs, sur les hauteurs de Fort-de-France, un peu au sud du plateau Didier. Cinq chambres confortables, décorées avec goût et équipées d'une salle de bain moderne. Les chambres, dont certaines possèdent un salon-terrasse, donnent sur un parc avec piscine et hamac. Table d'hôte sur réservation en soirée.

Fort Savane €€€€-€€€€€ [42]

5 rue de la Liberté, 05.96.80.75.75, www.fortsavane.fr

Établissement moderne donnant sur la place de la Savane, qui vise principalement une clientèle d'affaires. Sans l'ombre d'un doute la meilleure adresse au centre de Fort-de-France. Chambres standards et studios équipés de cuisinettes et d'espaces bureaux.

Simon Hôtel €€€€€ [46]

1 rue Loulou Boislaville, 05.96.50.22.22, www.hotel-simon.com

Hôtel récent d'une centaine de chambres au décor moderne s'adressant surtout à une clientèle d'affaires. Situé juste à côté de la tour Lumina de la pointe Simon, il offre une belle vue sur la baie de Fort-de-France. Il abrite en outre un bar à l'ambiance feutrée, le Bolibar, et deux restaurants, dont l'établissement gastronomique La Table de Marcel du réputé chef martiniquais Marcel Ravin.

2

La pointe Sud-Ouest: du Diamant à la Pointe du Bout

La **pointe Sud-Ouest** ★ ★ ★ forme une grande péninsule qui avance dans la mer des Caraïbes. Au nord, la région baigne dans la baie de Fort-de-France, faisant ainsi face au chef-lieu. Le canal de Sainte-Lucie, où repose le célèbre Rocher du Diamant, longe, quant à lui, la côte sud de la péninsule.

Tout le long de la côte, de nombreuses plages de sable fin bordées d'arbres accueillent les vacanciers (Grande Anse du Diamant, Grande Anse d'Arlet, Anse à l'Âne, Anse Mitan...). À l'intérieur des terres, cependant, le relief se fait beaucoup plus accidenté, avec les nombreux mornes dont les formes surprennent, comme le morne Larcher (477 m), qui ressemble à une «femme couchée», et le morne Jacqueline (223 m), au pic très pointu.

Le territoire est divisé en trois communes. Le Diamant, au sud, avec son fameux rocher et sa longue plage battue par des vagues parfois vigoureuses. Sur la côte ouest, Les Anses-d'Arlet regroupent quelques baies que hantent les pêcheurs à la senne (grands filets) et une belle plage familiale (Grande Anse). Au nord, la commune des Trois-Îlets se veut une sorte de paradis touristique avec sa marina haut de gamme (Pointe du Bout), ses hôtels de luxe, ses plages, ses musées et son terrain de golf.

Depuis Fort-de-France, il faut emprunter la route nationale 1 (N1)

La pointe Sud-Ouest: du Diamant à la Pointe du Bout

À voir, à faire ★

Le Diamant

1. CZ Rocher du Diamant
2. CY Grande Anse du Diamant
3. CY Espace muséographique Bernard-David
4. BY Cap 110 – Mémorial de l'Anse Cafard
5. BY Maison du Bagnard

Les Anses-d'Arlet

6. BY Petite Anse
7. AX Plage de la Grande Anse
8. AX Anse Dufour
9. AX Anse Noire

Les Trois-Îlets et la Pointe du Bout

10. AW Anse à l'Âne
11. BW Anse Mitan
12. BW Musée de La Pagerie
13. BX La Savane des Esclaves
14. CW Maison de la Canne
15. CW Musée de la mer

Activités ✸

Le Diamant

16. CY Antilles Sub Diamond Rock
17. BY Morne Larcher

Les Anses-d'Arlet

18. AX Alpha Plongée
19. AX Deep Turtle
20. AX Kazd'o – Les Kayaks de l'Anse Noire
21. AY Mada Plongée
22. AY Nautitan
23. AX Plongée Passion

Les Trois-Îlets et la Pointe du Bout

24. BW Aliotis Plongée
25. BV Attitude Plongée
26. AW Corail Club Caraïbes
27. AW David Dauphins
28. BV Espace Plongée Martinique
29. BW Golf de l'Espérance
30. BV Kata Mambo
31. CW Kayak Nature Évasion
32. BV La Créole Cata
33. BW Le Mantou
34. CX Mangofil
35. BV Marina de la Pointe du Bout
36. AW Planète Dauphins
37. BW Ranch Jack
38. BV Schéhérazade

Achats ■

Le Diamant

39. CY 8 à Huit
40. CY Esprit Nomade
41. CY Marché polyvalent Le Diamant

Les Trois-Îlets et la Pointe du Bout

42. CW Domaine Château Gaillard
43. BV Kdimax
44. BW Marché des Trois-Îlets
45. BW Place de l'Église
46. BV Sophen
47. BV Village Créole
48. CW Village de la Poterie

Cafés et restos ●

Le Diamant

49. CY Brasserie Planète Diamant
50. CY Chez Lucie
51. CY Le Mille Pattes
52. BY New Cap
53. CY XO Bistro

Les Anses-d'Arlet

54. BZ Au Dessous du Volcan
55. AX Bidjoul
56. AY Coco Turquoise
57. AX L'Escale
58. AY Le Balaou
59. AX Ti-Sable

↘ Suite de la liste p. 46

a
b
c
v
w
x
y
z
Fort-de-France
Baie de Fort-de-France
N
25,28,30,32,35,38
43,46,47
61,63-65
86,87,91,95
Pointe du Bout
11
24
60,67
74,75
90
Anse Mitan
92
33
44,45
66
68
93
D38
15
31
48
69
76
10
26,27,36
62,70,71
88,89,94
Anse à l'Âne
29
Les Trois-Îlets
D7
14
42
37
12
13
34
Anse Noire
D7
8
9
20
81
Anse Dufour
Morne Bigot (467 m)
Pointe de la Baleine
7
18,19,23
55,57,59
73
82
Cap Salomon
Grande Anse
Pointe Lézarde
Pointe Burgos
Les Anses-d'Arlet
D7
3
39,40
49-51
72
77,78
16
Le Diamant
21,22
56,58
84,85
2
41
53
Grande Anse du Diamant
83
79
D37
Pointe de la Cherry
17
52
Morne Jacqueline (223 m)
6
Morne Larcher (477 m)
4
80
5
Localisation
Petite Anse
54
Canal de Sainte-Lucie
Pointe du Diamant
1
Rocher du Diamant
0
2,5
5km
©ULYSSE

La pointe Sud-Ouest: du Diamant à la Pointe du Bout *(suite)*

Les Trois-Îlets et la Pointe du Bout

60. BW Au Poisson d'Or
61. BV Havana Café
62. AW La Case à Glace
63. BV La Marine
64. BV La Pause
65. BV Le Bistrot d'en Face
66. BW Le Green Impérial
67. BW Le Ti Taurus
68. BW Le Zandoli
69. CW O' Coup d'Cœur
70. AW Pignon sur Mer
71. AW Tropikathai

Bars et boîtes de nuit

Le Diamant

72. CY La Voile Blanche

Les Anses-d'Arlet

73. AX L'Arbre à Pain

Les Trois-Îlets et la Pointe du Bout

74. BW Casino Trois-Îlets
75. BW Le Kano
76. CW Le Sax

Logement

Le Diamant

77. CY Diamant Beach
78. CY Diamant les Bains – Résidence Hôtelière
79. BY L'Anse Bleue
80. BY Résidence Les Océanides

Les Anses-d'Arlet

81. AX Domaine de Robinson
82. AX Grand Case Oukae
83. AY Les Hauts de Petite Anse
84. AY Madinakay
85. AY Villas Félicité

Les Trois-Îlets et la Pointe du Bout

86. BV Bakoua
87. BV Carayou Hôtel et Spa
88. AW Courbaril Village
89. AW Habitation Desrosiers
90. BW Hôtel Bambou
91. BV Hôtel La Pagerie
92. BW L'Impératrice Village
93. BW La Suite Villa
94. AW Le Panoramic
95. BV Résidence Village Créole

vers Le Lamentin, puis la N5 vers Sainte-Luce. Prenez ensuite la sortie conduisant au Diamant pour faire le tour de la région dans le sens des aiguilles d'une montre. De Fort-de-France, on peut aussi atteindre la région des Trois-Îlets (bourg éponyme, Pointe du Bout, Anse Mitan ou Anse à l'Âne) à l'aide de navettes maritimes, une traversée d'une vingtaine de minutes qui permet d'éviter les bouchons de circulation.

Le Diamant

À voir, à faire

(voir carte p. 45)

Le bourg du **Diamant ★★** s'étire le long de la route principale, qui le traverse en son centre. Vous y apercevrez tour à tour la Poste, la mairie aux lignes Art déco et l'église. Cette dernière, classée monument histo-

Rocher du Diamant.

rique, comporte un bassin monolithique taillé dans le roc, qui pourrait bien correspondre aux fonts baptismaux d'origine (1687). De l'autre côté de la rue Justin-Roc, un monument aux morts des deux guerres mondiales s'élève au centre de la place du Général-de-Gaulle. À cette hauteur, un long ponton avance dans la mer et offre de belles vues sur le Rocher du Diamant, ainsi que sur toute la plage et le morne Larcher.

Rocher du Diamant ★★★ [1]

Ce rocher, qui a effectivement la forme d'un immense diamant (180 m de haut, 1 200 m de circonférence), a donné son nom au bourg qui lui fait face, proche d'environ 2 km. Ce bloc calcaire géant, devenu l'un des symboles de la Martinique de par le monde, possède une histoire tout à fait unique, les Britanniques l'ayant consacré « vaisseau de guerre » au XIXe s. (voir encadré).

Grande Anse du Diamant ★★ [2]

La grande plage de sable blanc qui longe le bourg est, avec ses 4 km, la plus longue de la Martinique. Il s'agit sans doute aussi de l'une des plus belles de l'île grâce au décor qui l'entoure : le symbolique Rocher du Diamant en face, le morne Larcher au bout de la baie à l'ouest, ses innombrables cocotiers, raisiniers et amandiers. Malheureusement, la mer y est agitée, rendant la baignade dangereuse à certains endroits. Pour les bains de mer, il est préférable de choisir la partie de la plage qui s'étend entre l'hôtel Diamant les Bains – Résidence Hôtelière et l cimetière.

Le HMS Diamond Rock

En 1804, les Anglais prirent possession du Rocher du Diamant et le fortifièrent. Ils en firent un « navire » de guerre des forces britanniques en le baptisant HMS *Diamond Rock*. Son « équipage » de 107 hommes avait pour tâche d'assurer le blocus de la Martinique en contrôlant tout le trafic maritime de la région. Ce n'est qu'en 1805 que les Anglais furent délogés du rocher. Les marins britanniques, qui s'enfuirent vers la Barbade, furent traduits en cour martiale pour l'abandon du vaisseau HMS *Diamond Rock*...

Espace muséographique Bernard-David [3]

entrée libre; lun-ven 8h30 à 17h30, sam 9h à 12h; 39 rue Justin-Roc, en face de la place du Général-de-Gaulle, 05.96.66.07.36

Modeste musée qui abrite des copies d'objets précolombiens qu'un ancien prêtre du Diamant a amassés lors de fouilles archéologiques menées de 1971 à 1998. Les originaux sont conservés au **Musée Départemental d'Archéologie Précolombienne et de Préhistoire de la Martinique** (voir p. 33) à Fort-de-France. Aussi, exposition sur le Rocher du Diamant, que quatre caméras permettent d'observer en temps réel.

Cap 110 – Mémorial de l'Anse Cafard ★ [4]

aux abords de la D37, un peu passé le bourg du Diamant

Composé de 15 statues de béton de 2,5 m de haut sculptées par l'artiste martiniquais Laurent Valère, cet émouvant monument, érigé en 1998 pour souligner le 150e anniversaire de l'abolition de l'esclavage, commémore le naufrage d'un navire négrier survenu à cette hauteur le 8 avril 1830. À la suite de la tragédie, 46 cadavres furent repêchés dans les environs. Les statues forment un triangle qui évoque le « commerce triangulaire » de l'époque entre la France métropolitaine, ses colonies des Antilles et l'Afrique noire. Elles pointent en direction du golfe de Guinée, d'où venaient le navire et son chargement d'esclaves.

Maison du Bagnard ★ [5]

aux abords de la D37, quelques dizaines de mètres après le mémorial

On dénomme ainsi cette maisonnette, car elle fut l'œuvre d'un certain Médart Aribo dans les années 1960, après qu'il eut purgé 15 ans de prison en Guyane. Il bâtit alors cette modeste demeure et en sculpta les nombreux éléments décoratifs. Victime de vandalisme en 2014, ce bijou d'art populaire a été restauré en 2017 et a ainsi retrouvé son statut d'icône emblématique colorée de

Cap 110 – Mémorial de l'Anse Cafard.

la Martinique, avec le Rocher du Diamant en arrière-plan.

Activités *(voir carte p. 45)*

Plongée

Le Rocher du Diamant constitue l'un des sites de plongée classiques en Martinique, avec ses failles, ses grottes et ses tunnels sous-marins à explorer. De plus, à l'est du rocher, se trouve un plateau corallien que fréquentent d'innombrables poissons.

Antilles Sub Diamond Rock [16]

port de pêche de la Taupinière, 05.96.82.14.35, www.plongeemartinique.fr

Ce club organise des excursions quotidiennes au Rocher du Diamant, avec équipement fourni, au départ du port de la Taupinière, situé à environ 5 km à l'est du bourg du Diamant. Plongée-tuba au pied du rocher également proposée.

Randonnée pédestre

Morne Larcher [17]

Au départ de l'Anse Cafard, un sentier de 3,5 km balisé par l'Office National des Forêts grimpe jusqu'à un terrain plat (414 m), près du sommet du morne Larcher (477 m; vue spectaculaire sur le Rocher du Diamant) avant de redescendre vers Petite Anse. Il s'agit d'un sentier linéaire de difficulté moyenne (effort physique soutenu, dénivelé important, passages glissants). Comptez 3h pour le parcourir (aller seulement). À faire tôt le matin pour éviter les coups de chaleur et apportant de l'eau.

Esprit Nomade.

Achats (voir carte p. 45)

Alimentation

8 à Huit [39]

Les visiteurs qui désirent préparer eux-mêmes leurs repas trouveront cette épicerie commodément située à l'entrée est du bourg, près de l'hôtel Diamant les Bains – Résidence Hôtelière.

Marché polyvalent Le Diamant [41]

mar-dim 8h à 13h; 26-34 rue des Arawaks

Le marché du Diamant se tient dans une belle halle moderne construite en 2013, tout juste à la sortie ouest du bourg. Une vingtaine de marchands y proposent fruits, légumes et produits d'artisanat. Quelques petits restos à proximité.

Artisanat et souvenirs

Esprit Nomade [40]

11 rue Justin-Roc, 05.96.76.25.92

La plus sympathique des boutiques de souvenirs qui longent la rue principale. On y trouve des articles originaux provenant de différents pays du monde et de la Martinique. Des étiquettes jaunes identifient les produits locaux et les objets réalisés par des artisans martiniquais: chapeaux de paille, paréos imprimés, madras, épices.

Cafés et restos

(voir carte p. 45)

Brasserie Planète Diamant €€ [49]

jeu-mar; 4 rue Justin-Roc, 05.96.76.49.82

Dans la rue principale du bourg, avec le cimetière pour voisin immédiat, la Brasserie Planète Diamant propose ses spécialités françaises et créoles. Il s'agit d'un grand établissement aménagé sur deux niveaux. Belle sélection de bières pression. Animation musicale la fin de semaine et tables de billard à l'étage.

Chez Lucie €€ [50]

lun et mer-sam midi et soir, dim midi seulement; 64 rue Justin-Roc, 05.96.52.51.07

Une institution depuis 1902... Au cœur du bourg et donnant directement sur la plage. Ici, rien de prétentieux ni de compliqué, mais on mange bien et le menu est très varié. On y va pour la soupe z'habitants et le touffé de requin, entre autres spécialités de la maison. Le service n'est toutefois pas toujours à la hauteur.

Le Mille Pattes €€ [51]

lun-sam midi et soir, dim soir seulement; 29 rue Justin-Roc, 05.96.76.12.38

Sympathique pizzeria avec tables en terrasse et jolie salle climatisée. En plus des nombreuses variétés de pizzas, la carte propose un plat du jour de cuisine locale (carpaccio de marlin, moules vin blanc, poulet coco).

New Cap €€€ [52]

mer-lun; plage de l'Anse Cafard, 05.96.76.12.99

Délicieux petit resto qui propose une cuisine européenne (tapas, salade de camembert chaud, crème catalane) et créole dans un cadre des plus sympathiques que composent une agréable terrasse, le sable doux de la plage et une vue à couper le souffle sur le Rocher du Diamant. Le tartare de langouste y est particulièrement réussi, tout comme les accras, succulents.

XO Bistro €€€ [53]

lun-sam midi et soir; 34 bis rue des Arawaks, 05.96.63.38.01, https://xo-bistro.business.site

Joli bistro avec terrasse installé en face du marché polyvalent. Tapas, salades (César, chèvre chaud), entrecôtes, poulet thaï et poissons composent un menu de cuisine fusion aux influences caribéennes, françaises, méditerranéennes et orientales. Séances musicales les vendredis soir.

Bars et boîtes de nuit

(voir carte p. 45)

La Voile Blanche [72]

mar-sam 12h à 0h, dim 12h à 19h; 40 rue Justin-Roc, 05.96.76.40.49

Le resto-bar branché des environs. Beau choix de cocktails et de jus de fruits à savourer sur une splendide terrasse toute blanche avec vue sur la mer. DJ, musiciens (vendredi) et défilés de mode occasionnels animent les soirées. Propose aussi un service de restauration au menu varié (pavé de daurade, tartare de marlin, mi-cuit de thon, magret de canard, poulet aux gambas).

Logement

(voir carte p. 45)

L'Anse Bleue €€-€€€ [79]

Anse Cafard, 05.96.76.21.91, www.hotel-anse-bleue.com

Les bungalows de bois de cet hôtel forment une sorte de mini-village juste un peu en retrait de la route principale à l'Anse Cafard. Un bon restaurant de cuisine française et créole, la Paillotte Bleue, est installé au bord de la piscine.

Résidence Les Océanides €€€ [80]

Anse Cafard, 05.96.76.48.25, www.lesoceanides.fr

La Résidence Les Océanides propose une dizaine de studios tout équipés, mais dépourvus de décoration et de charme. Toutefois, ses agréables environs boisés et les prix fort avantageux qu'on y pratique compensent ces lacunes.

Diamant Beach €€€-€€€€ [77]

Ravine Gens Bois, 05.96.76.16.16, www.diamant-beach.com

Une cinquantaine d'appartements avec cuisinette dans des pavillons rose et beige alignés dans un agréable jardin, peu avant le bourg du Diamant quand on vient de l'est. Belle vue sur le Rocher du Diamant et le village. Au cœur de l'ensemble, une piscine-terrasse joliment aménagée surplombe une petite plage.

Diamant les Bains – Résidence Hôtelière €€€-€€€€ [78]

90 rue Justin-Roc, 05.96.76.40.14

Cet hôtel a rouvert ses portes en 2019 après une restauration (voire une reconstruction!) complète. Excellent emplacement à l'entrée du bourg, avec accès direct à la plage. Établissement très paisible, même au cœur d'un secteur aussi fréquenté, comprenant 33 studios à l'allure très moderne et 6 bungalows au bord de la mer. Personnel d'une gentillesse exemplaire et bon restaurant avec terrasse qui donne sur le jardin où se trouve la piscine.

À l'ouest du bourg du Diamant, la route départementale 37 (D37) longe la mer et contourne le morne Larcher en direction des Anses-d'Arlet.

Les Anses-d'Arlet

À voir, à faire

(voir carte p. 45)

La commune des **Anses-d'Arlet ★★** s'étend sur 30 km^2 et, comme son nom l'indique, abrite plusieurs anses où vous trouverez de fort jolies plages.

Petite Anse ★ [6]

Le modeste hameau de Petite Anse n'était jusqu'à récemment qu'un simple village de pêcheurs, mais avec l'établissement de résidences hôtelières et de restos, l'endroit, tout en conservant son authenticité, est devenu de plus en plus attrayant

Le bourg des Anses-d'Arlet.

pour les vacanciers. Sa petite plage, encore peu fréquentée, s'avère quant à elle fort séduisante.

Le bourg des Anses-d'Arlet ★★

La route sinueuse escalade ensuite le morne Jacqueline, puis redescend vers le bourg des Anses-d'Arlet, que vous reconnaîtrez au loin en apercevant la silhouette fine et élancée du clocher de sa belle église blanche. On y remarque aussi une plage de sable blanc, un grand ponton de bois qui avance dans l'eau turquoise et une agréable promenade en bord de mer. Ce village de pêcheurs tient son nom d'un chef caraïbe nommé Arlet, qui conclut un pacte avec le gouverneur du Parquet en 1637, au terme duquel il acceptait de céder ses terres du nord de l'île pour venir s'installer ici.

Pour quitter le village, il faut bifurquer sur la droite peu après l'église. Vous pouvez alors retourner vers Le Diamant par la route du morne Blanc, ou poursuivre votre chemin en direction de la plage de la Grande Anse.

Plage de la Grande Anse ★★ [7]

Cette plage est l'une des favorites des familles martiniquaises. Une voie piétonne bordée de restos, bars, boutiques et clubs de plongée la longe. Les résidences de vacances poussent comme des champignons dans les environs, en voie de devenir l'une des zones de villégiature les plus appréciées de l'île.

Poursuivez votre itinéraire vers le morne Bigot, par la route D7. Vous devrez prendre à gauche environ 3 km après Grande Anse et vous

Anse Dufour.

engager sur une voie discrètement indiquée pour accéder à un petit chemin étroit aux pentes prononcées qui conduit aux plages de l'Anse Dufour et de l'Anse Noire.

Anse Dufour [8] et Anse Noire ★★ [9]

Il ne faut pas manquer l'étrange spectacle de ces deux plages voisines. La première que vous apercevrez, l'Anse Dufour, est tapissée d'un beau sable blond. Vous devez alors garer votre voiture pour gagner à pied, par un très court sentier, la plage de l'Anse Noire, composée de sable noir et bordée de grands cocotiers lui donnant une allure sauvage. La coexistence de ces deux plages, à quelques mètres l'une de l'autre, représente à la fois un attrait unique sur le plan géologique et une sorte de rencontre de deux Martinique : celle du Sud, avec ses plages de rêve, et celle du Nord, avec ses paysages plus austères et son sol volcanique.

Activités

(voir carte p. 45)

Kayak

Kazd'o – Les Kayaks de l'Anse Noire [20]
mer-lun; Anse Noire, 06.96.34.86.36

Location de kayaks de mer, directement sur la plage de l'Anse Noire. Comptez 8€/h, 15€/demi-journée et 20€/journée. On peut également louer masques, tubas et palmes.

Navigation de plaisance et excursions en mer

Nautitan [22]
bourg des Anses-d'Arlet, 06.96.31.81.38, www.nautitan.com

Divers types de sorties en mer: exploration des environs du Rocher du Diamant, excursions de pêche, plongée-tuba, ski nautique. Possibilité de location de bateau à moteur.

Plongée

Pour la plongée dans les environs, on considérera les pointes Burgos et Lézarde, au nord du bourg des Anses-d'Arlet, pour leur falaise corallienne et la richesse de la faune marine qu'on peut y découvrir.

Au large de la pointe Burgos, les Grandes Jorasses constituent un ensemble de coulées de lave immergées que fait ressortir par contraste un cirque de sable blanc.

Un peu plus au nord, le Cap Salomon est célèbre pour l'abondance de sa flore colorée. Plus loin au large, on a coulé le trois-mâts *Le Nahoon* expressément pour en faire un site de plongée. L'épave repose à 35 m de profondeur et les plongeurs peuvent l'explorer de fond en comble.

Il ne faut pas non plus oublier la pointe de la Baleine, aux eaux très claires, et l'Anse Dufour, avec son plateau rocheux riche en faune et en flore.

Alpha Plongée [18]
plage de Grande Anse, 05.96.48.30.34 ou 06.96.81.93.42, www.alphaplongee.com
Sorties en mer à 7h, 10h et 14h tous les jours sauf le dimanche. Propose des excursions vers de nombreux sites des environs, notamment à l'épave du *Nahoon*.

Deep Turtle [19]
108 av. Robert-Deloy, face au ponton de la plage de Grande Anse, 06.96.29.29.11 ou 05.96.78.28.84, www.deepturtleplongee.fr
Découverte de divers sites (pointe de la Baleine, Anse Dufour, épave du *Nahoon*, Cap Salomon, pointe Lézarde, Grandes Jorasses et autres). Excursions de plongée-tuba aussi proposées.

Mada Plongée [21]
20 rue Eugène-Larcher, bourg des Anses-d'Arlet, 06.95.51.60.70, www.madaplongee.fr
Petite structure familiale qui organise des sorties vers les sites des environs à bord de bateaux pouvant accueillir un maximum de 10 personnes. Plongées de nuit le vendredi soir sur réservation.

Plongée Passion [23]
1 allée des Raisiniers, plage de la Grande Anse, 05.96.68.71.78, www.plongeepassion.com
Deux sorties par jour. Excursions à la pointe de la Baleine, à la pointe Burgos, à l'épave du *Nahoon* et jusqu'au Rocher du Diamant.

Cafés et restos

(voir carte p. 45)

Au Dessous du Volcan €€ [54]
79 route des Pêcheurs, Petite Anse, 05.96.68.69.52, www.restaurantaudessousduvolcan.fr
Un classique de la région dont à peu près tous les résidents vous parleront. On y va pour les entrecôtes, les tartares de bœuf ou de poisson et les poissons grillés, de même pour les délicieux desserts.

Bidjoul €€ [55]
Grande Anse, 05.96.68.65.28
Quelques restaurants de plage très modestes offrent la possibilité de se sustenter à petit prix à Grande Anse. Parmi eux, mentionnons le Bidjoul, qui révèle un beau décor de bambou et propose accras, fricassées et pizzas. Le service peut s'avérer long. Animation musicale le samedi soir.

Coco Turquoise €€ [56]
mer midi seulement, jeu-dim midi et soir; 13 rue Eugène-Larcher, bourg des Anses-d'Arlet, 05.96.51.71.29
Mieux installé que ses voisins dans une jolie maison qui s'ouvre sur une terrasse donnant sur la plage, ce restaurant propose des mets simples mais frais, bien apprêtés et servis en copieuses portions: accras de morue ou de crevettes, poulet grillé, steak frites, salades.

Le Balaou €€ [58]
ven-mer 11h30 à 16h; bourg des Anses-d'Arlet
Sur la plage du bourg, on trouve quelques cantines servant le repas du midi. Parmi ces sympathiques restos de plage, notons Le Balaou. On s'attable ici à l'ombre de grands arbres et, les pieds dans le sable, on mange accras de morue ou de langouste, merguez, poisson ou poulet grillé.

L'Escale €€-€€€ [57]
mar-ven soir seulement, sam-dim midi et soir; 1 rue des Cocotiers, Grande Anse, 05.96.71.52.77, www.facebook.com/lescaledesanses
Bonne table située un peu à l'écart de la plage de Grande Anse. Menu de type bistronomique (tartares de poisson et d'agneau, tataki de marlin, hamburgers). Salle à manger et terrasse chaleureuses garnies de meubles en bois. Animations musicales (chanteurs, soirée électro le vendredi).

Ti-Sable €€€-€€€€ [59]
lun-jeu 9h à 18h, ven-dim 9h à 22h; 35 allée des Raisiniers, Grande Anse, 05.96.68.62.44, www.tisablemartinique.com
À l'extrémité nord de la plage de Grande Anse, le Ti-Sable constitue la meilleure adresse des environs. Vous y dégusterez une délicieuse cuisine dans une superbe maison coloniale ou à la non moins superbe terrasse, très grande, qui donne sur la plage, fort agréable à cette hauteur. Grand buffet créole servi le dimanche midi: boudin créole, méchoui, poisson grillé, brochettes de dinde. Chaises longues sur la plage. Spectacle le dimanche soir.

Bars et boîtes de nuit

(voir carte p. 45)

L'Arbre à Pain [73]
tlj 8h à 22h; av. Robert-Deloy, Grande Anse, 05.96.68.72.29
L'endroit idéal sur la plage de Grande Anse pour s'offrir un ti-punch, une bière bien froide ou un cocktail, confortablement calé dans le sable. Ambiance très *cool*. Musiciens en soirée. Restaurant de mets simples (salade créole, langouste grillée) en prime.

Madinakay.

Logement

(voir carte p. 45)

Madinakay €€ [84]

3 allée des Arlésiens, bourg des Anses-d'Arlet, 06.96.06.86.86

Charmant et tranquille hôtel de huit chambres au cœur du bourg des Anses-d'Arlet, à côté de l'église. Décor sobre et modeste. Les hôtes font preuve d'une amabilité qui fait chaud au cœur, et la plage se trouve tout juste de l'autre côté de la rue.

Les Hauts de Petite Anse €€-€€€ [83]

Petite Anse, 06.96.60.13.97, http://villas-martinik.fr

Jolies villas pour deux à quatre personnes. Chacune donne sur un petit jardin privé muni d'un barbecue. Passé le bourg de Petite Anse, en direction des Anses-d'Arlet, une petite allée ascendante en pente assez raide à droite conduit aux villas. De là-haut, la vue sur la baie s'avère vraiment magnifique. Location à la semaine seulement.

Villas Félicité €€€-€€€€€ [85]

rue du Calvaire, Les Anses-d'Arlet, 06.18.87.44.16, www.arlet-location.com

Deux belles maisons créoles, l'une blanche comprenant deux studios *(2 ou 3 pers.)* et deux appartements *(2 à 5 pers.)*, l'autre jaune, pouvant accueillir jusqu'à six personnes. Sur les hauteurs, un peu au sud du bourg. Location à la semaine seulement. Tarifs dégressifs pour séjours de plus d'une semaine.

Domaine de Robinson €€€€ [81]

Anse Noire, 05.96.68.62.82, www.domainederobinson.com

Quelques studios et bung
avec cuisine donnant sur la pla

Musée de La Pagerie.

l'Anse Noire, mais surtout le « bungal'arbre », une irrésistible cabane (bien équipée) perchée dans un arbre (réservée aux adultes sans enfant) à laquelle un pont en câbles donne accès. Comme une impression de bout du monde...

Grand Case Oukae €€€€ [82]
7 allée des Raisiniers, Grande Anse, 06.96.38.74.43, www.locationoukaemartinique.com
Grande maison créole posée sous les cocotiers de la plage de Grande Anse, qui abrite des studios pour deux à quatre personnes donnant sur la mer ou sur un jardin. Un bungalow séparé est aussi proposé en location. Séjour à la semaine seulement.

Après avoir traversé le massif du morne Bigot (467 m), la D7 permet d'atteindre l'Anse à l'Âne, qui fait partie de la commune des Trois-Îlets, tout comme l'Anse Mitan, plus loin, et la célébrissime Pointe du Bout.

Les Trois-Îlets et la Pointe du Bout

À voir, à faire

(voir carte p. 45)

Anse à l'Âne ★ [10]
De plus en plus fréquentée, cette belle plage de sable blond agrémentée de grands cocotiers est bordée de restaurants de poisson et fruits de mer ainsi que de quelques lieux d'hébergement. Reliée à Fort-de-France par une navette maritime.

Vous apercevrez plus loin le panneau indiquant la route D38, qu'il faut emprunter à gauche pour se diriger vers l'Anse Mitan et la Pointe du Bout.

Anse Mitan ★★ [11]

La plage de l'Anse Mitan accueille les familles voyageuses autant que locales. L'eau y est magnifiquement limpide et le décor, avec les nombreux petits voiliers qui mouillent au large, des plus sympathiques. Avec des qualités pareilles, que pourrait-on reprocher à cette belle plage de sable blanc située à 10 min à pied de la prestigieuse Pointe du Bout? Bien sûr, il y a beaucoup de monde..., mais cela aussi a son charme. Le grand quai accueille les navettes venant de Fort-de-France.

Pointe du Bout ★★★

La Pointe du Bout rassemble une importante concentration d'établissements à vocation touristique: hôtels de luxe, restaurants, boîtes de nuit, boutiques chics. Le Village créole, de construction relativement récente, a ajouté encore davantage d'animation à l'ensemble. Qui plus est, la Pointe du Bout n'est distante de Fort-de-France que d'une vingtaine de minutes grâce à un service de navettes maritimes qui prennent et déposent leurs passagers à la Marina de la Pointe du Bout, où sont aussi amarrées de nombreuses embarcations de plaisance et d'où partent des excursions en mer en tous genres.

Faites demi-tour sur la route D38 pour vous rendre au Musée de La Pagerie, au sud de la D7.

Musée de La Pagerie ★ [12]

5€; mar-dim; 05.96.68.38.34

Lieu de naissance (1763) de Marie-Josèphe Rose Tascher de La Pagerie, qui devait devenir l'impératrice Joséphine. Elle vécut ici sa jeunesse jusqu'à son départ pour la France en 1779. C'est en 1796 qu'elle épousa Napoléon Bonaparte, son second mari, qui la sacra impératrice. Une petite maison en pierre, que l'on découvre au cours d'une brève visite guidée, renferme aujourd'hui un musée en son hommage. On y présente divers objets lui ayant appartenu: meubles, lettres signées de la main de Napoléon, portraits, etc. En plus de visiter le musée, vous pouvez vous balader librement dans le domaine verdoyant, où vous remarquerez les ruines de la maison principale, l'ancienne sucrerie et le moulin à canne.

Reprenez la route D7 vers l'est en direction du bourg.

Le bourg des Trois-Îlets ★

Ce joli village, l'un des plus charmants de la Martinique, doit son nom aux trois îles miniatures qui lui font face: Tébloux, Charles et Sixtain. L'église actuelle date de 1724. Les parents de Joséphine s'y marièrent et la future impératrice y fut baptisée. Cette modeste mais belle église, la petite place ombragée

Maison de la Canne.

sur laquelle elle donne, le marché, les édifices municipaux entretenus avec zèle et les ravissantes maisons à façade de briques rouges provenant de l'usine toute proche constituent un ensemble remarquable au charme irrésistible.

À la sortie du bourg, vous vous engagerez bientôt dans un rond-point, où vous prendrez la direction de Rivière-Salée. Tournez à droite vers le quartier La Ferme et suivez les indications vers La Savane des Esclaves.

La Savane des Esclaves ★★ [13]

adultes 12€, enfants 5€; lun-sam 9h à 17h30, dim 9h à 12h30; quartier La Ferme, 05.96.68.33.91, www.lasavanedesesclaves.fr

Coquet village de cases traditionnelles reconstitué dans un agréable parc de 3 ha qui raconte l'histoire de l'esclavage et la vie des «nègres marrons», comme on appelait les esclaves qui réussissaient à s'enfuir des plantations. La visite guidée permet également de découvrir un jardin de plantes médicinales. De plus, ateliers occasionnels sur la fabrication du cacao et de cassaves (galettes de manioc).

Revenez sur la route D7 en direction de Rivière-Salée.

Maison de la Canne ★★ [14]

3€; mar-jeu 8h30 à 17h30, ven-sam 8h30 à 17h, dim 9h à 17h; Pointe Vatable, 05.96.68.32.04

Intéressant musée aménagé dans l'enceinte de l'ancienne distillerie de Vatable qui explique comment la canne à sucre, qu'ont longtemps cultivée les habitations esclavagistes, a été le moteur de l'économie martiniquaise pendant plus de 300 ans. Encore de nos jours, grâce au rhum, elle demeure un acteur de premier plan. Instruments, maquettes et reproductions illustrent les techniques de la culture de la canne. Le musée rend aussi compte de la vie quotidienne des esclaves qui travaillaient dans les plantations et explique ce qu'était le Code noir régissant les rapports entre maîtres et esclaves.

Musée de la mer ★ [15]
5€; tlj 9h à 18h; Village de la Poterie, 05.96.69.70.98, www.facebook.com/museemermartinique
Nouvelle incarnation du Musée des coquillages et de la mer, jadis installé au Diamant. On y présente d'innombrables coquillages cueillis dans les Antilles et ailleurs autour du monde, des étoiles de mer, ainsi que des poissons de grande taille et d'autres animaux marins naturalisés.

Activités *(voir carte p. 45)*

Équitation

Ranch Jack [37]
Anse à l'Âne, 05.96.68.37.69 ou 06.96.92.26.58, www.ranchjack.com
Installé au morne Habitué, entre l'Anse à l'Âne et Les Trois-Îlets, ce ranch propose plusieurs balades à cheval de durées diverses.

Golf

Golf de l'Espérance [29]
Les Trois-Îlets, 05.96.52.04.13, https://golf3ilets.collectivitedemartinique.mq

La Savane des Esclaves.

Aménagé à même les anciennes terres du Domaine de La Pagerie, ce terrain de golf de 18 trous (normale 71) fut dessiné par l'expert américain Robert Trent Jones. Vous pouvez y louer tout l'équipement nécessaire. Se trouvent aussi sur place un restaurant de qualité, Le Club, et un centre de tennis.

Kayak de mer

Kayak Nature Évasion [31]
Village de la Poterie, 09.74.56.58.04, www.kayak-nature-evasion.com
Exploration de la mangrove en kayak. Excursions de 2h, 4h ou d'une journée.

Navigation de plaisance et excursions en mer

Pour ceux qui possèdent leur propre embarcation, mentionnons la région compte l'un des be ports de plaisance de l'île, la **Marina de la Pointe du Bout** [35] *(05.96.66.07.74)*, près du bourg des Trois-Îlets. Services offerts: gardiennage de nuit, vente de carburant, une dizaine d'espaces réservés aux bateaux de passage. L'Anse à l'Âne et l'Anse Mitan constituent aussi des sites de mouillage appréciés et même, à l'occasion, très encombrés.

David Dauphins [27]
adultes 55€, enfants 35€; Anse à l'Âne, 06.96.51.42.43, www.daviddauphins.fr
Excursions à la rencontre des dauphins et d'autres mammifères marins, incluant une halte d'observation des tortues marines et la visite de la grotte aux Chauves-Souris.

Kata Mambo [30]
85€/pers.; Marina de la Pointe du Bout, 05.96.66.11.83 ou 06.96.25.23.16, www.kata-mambo.com
Excursions à bord de trois catamarans. Journée Nord Caraïbe d'observation des dauphins jusqu'aux environs de Saint-Pierre.

La Créole Cata [32]
85€/pers.; Marina de la Pointe du Bout, 05.96.66.10.23, www.lacreolecata.com
Découverte à la voile des anses de la pointe Sud-Ouest. Baignade, plongée libre et repas servi à bord meublent la journée.

ULYSSE **Le Mantou** [33]
adultes 30€, enfants 18€; bourg des Trois-Îlets, 05.96.68.39.19, www.decouverte-martinique.fr
Au départ du petit port du bourg des Trois-Îlets, visite en bateau commentée par un naturaliste pour découvrir la mangrove des Trois-Îlets et de Rivière-Salée, ses palétuviers et sa faune particulière. Départs tous les jours, sauf le dimanche, en matinée et en après-midi. Durée: 3h.

Planète Dauphins [36]
adultes 50€, enfants 30€; Anse à l'Âne, 06.96.78.95.15, www.planetedauphins.com
Excursions d'une demi-journée à la rencontre des dauphins, avec halte plongée-tuba à l'Anse Noire pour observer des tortues marines.

Schéhérazade [38]
adultes 48€, enfants 29€; Marina de la Pointe du Bout, 06.96.39.45.55, www.scheherazade-excursions.com
Excursions d'observation de dauphins d'une demi-journée et excursions à la découverte du sud de l'île, incluant le Rocher du Diamant.

Parcours d'aventure

Mangofil [34]
16€ à 28€; mer-dim 9h à 17h; Les Trois-Îlets, 05.96.68.08.08, www.mangofil.fr
Parc d'aventure situé en pleine nature, un peu à l'est du bourg des Trois-Îlets. Plusieurs parcours de niveaux de difficulté variés invitent les participants à se balader à la cime des arbres à l'aide de cordages, de lianes, ainsi que d'échelles, de ponts et de tyroliennes en bambou. Également sur place: une aire de jeux constituée de trampolines baptisée le Parcabout, un mur d'es-

Mangrove.

calade et des installations pour des sauts à l'élastique de type *bungee*.

Plongée

Pas de sites de plongée à proprement parler aux environs immédiats des Trois-Îlets, mais les nombreux clubs qui y sont installés organisent des excursions tout autour de la pointe Sud-Ouest et même au-delà.

Aliotis Plongée [24]
départs au ponton de l'Anse Mitan, 06.96.90.40.25, http://aliotis.plongee.free.fr
Petit club établi sur un catamaran, en face de l'Hôtel Bambou.

Attitude Plongée [25]
Pointe du Bout, 06.96.72.59.28,
Plusieurs excursions possibles, notamment au Rocher du Diamant, dans la rade de Saint-Pierre et au Rocher de la Perle, tout au nord de l'île.

Corail Club Caraïbes [26]
Anse à l'Âne, 05.96.68.36.36, http://corailclubcaraibes.com
Sorties du lundi au samedi, à 8h et 14h.

Espace Plongée Martinique [28]
Marina de la Pointe du Bout, 05.96.66.01.79 ou 06.96.25.11.90, www.espaceplongee-martinique.com
Ce club propose des sorties dans quelque 25 sites de plongée tout le long de la côte Caraïbe.

Achats *(voir carte p. 45)*

Alimentation

Kdimax [43]
Pointe du Bout
Supermarché situé à deux pas d
Marina de la Pointe du Bout.

Marché des Trois-Îlets [44]
lun-sam à partir de 7h30; sur la place centrale
Charmant marché établi dans le bourg des Trois-Îlets.

Art et artisanat

Place de l'Église [45]
bourg des Trois-Îlets
De nombreux artisans se regroupent sur la place de l'église, à côté du marché du bourg des Trois-Îlets, pour proposer aux visiteurs t-shirts peints à la main, reproductions miniatures de gommiers et de yoles rondes, etc. Tout près de là, en face du marché, l'Office de Tourisme des Trois-Îlets présente des expositions d'artisanat de la région.

Sophen [46]
tlj 9h30 à 13h et 15h30 à 19h; 208 bâtiment Vermeil, Pointe du Bout, 05.96.66.13.64, www.galerie-sophen.com
Sur la droite en se dirigeant vers la Marina de la Pointe du Bout. Sympathique galerie qui met en valeur les aquarelles des artistes Sophie Lagattu et Henry Le Deun: originaux, éditions numérotées sur bois ou sur papier, articles de papier.

Village de la Poterie [48]
lun-sam 10h à 18h, dim 10h à 13h; 3 km à l'est du bourg des Trois-Îlets, 05.96.68.24.64 ou 05.96.69.70.98, www.poterie-village.fr
C'est ici qu'on produit la majorité des briques rouges utilisées dans la construction des maisons et édifices de l'île. Des artisans tournent aussi devant vous de magnifiques vases, jarres ou carafes selon la manière de faire des Arawaks ou des Caraïbes. Finalement, plusieurs maisons en brique abritent quelques restaurants et de nombreuses boutiques d'artisans en tous genres (céramiques, bijoux, savons artisanaux).

Fleurs et plantes

Domaine Château Gaillard [42]
tlj 9h à 18h; 05.96.68.15.68, www.domaine-chateau-gaillard.fr
Magnifique maison créole qui abrite un centre artisanal et agricole. Plus de 1 500 variétés de plantes et de fleurs sont cultivées sur place, dans les immenses serres qui entourent la demeure. Les lieux comportent aussi une bouquinerie tenue par des bénévoles de l'association RSP, vouée à la protection des animaux, où l'on trouve des livres d'occasion de toutes sortes vendus à petits prix *(2€ pour un livre, 5€ pour trois; lun 10h à 13h, mar-sam 10h à 17h)*. Enfin, la même association organise un vide-grenier chaque deuxième dimanche du mois de 8h à 12h.

Souvenirs

Village Créole [47]
tlj 10h à 13h et 15h à 19h; Pointe du Bout, 05.96.66.03.19, www.village-creole.com
Complexe un peu disneyen constitué de maisons colorées inspirées de l'architecture antillaise traditionnelle. On y trouve restaurants, appartements à louer et une vingtaine de boutiques (souvenirs, bijoux, parfums, rhums, chocolats, maillots de bain).

Village de la Poterie

Cafés et restos

(voir carte p. 45)

Au Poisson d'Or €€ [60]

mar-dim; 12 rue des Bougainvilliers, Anse Mitan, 05.96.66.01.80

Sur la route de la Pointe du Bout, des serveuses vêtues du costume traditionnel vous accueillent dans ce resto aux murs et au plafond de bambou. Fleurs sur les tables, plantes partout, arbres tout autour: le cadre est on ne peut plus typique. Grillades et spécialités créoles (écrevisses, vivaneau au lait de coco, banane flambée). Excellent rapport qualité/prix.

Havana Café €€ [61]

Village Créole, Pointe du Bout, 05.96.66.15.93, https://havana-cafe-martinique.fr

Bien visible dans le Village Créole de la Pointe du Bout, le Havana Café est un sympathique resto-bar avec une jolie terrasse (nombre de places limité). Au menu: tartare de poisson, moules-frites, crêpes, savoureuses salades et grillades. Service rapide. Ouvert jusque tard dans la soirée (service jusqu'à minuit la fin de semaine), une denrée rare.

La Case à Glace €€ [62]

Anse à l'Âne, 05.96.45.58.64

Petit resto de plage économique et sans prétention. Accras, merguez, poissons grillés. Terrasse couverte qui donne directement sur la plage. Service souriant et efficace.

Le Ti Taurus €€ [67]

tlj 9h à 22h; 28 rue des Anthuriums, Anse Mitan, 05.96.76.33.39

Sympathique adresse dont la salle s'ouvre sur la plage de l'Anse Mit[illegible] à la hauteur du ponton où acc[illegible] les navettes maritimes de Fo[illegible]

France. Menu constitué de spécialités locales comme les accras, le boudin créole, le colombo de poulet et la langouste grillée, mais aussi de grillades (bavette, steak frites). Bon choix de cocktails. Service en continu toute la journée.

O' Coup d'Cœur €€ [69]

Village de la Poterie, 05.96.69.70.32

Ce sympathique salon de thé installé dans une maison du Village de la Poterie possède une terrasse des plus agréables où il fait bon s'arrêter le temps d'une pause. Salades, sandwichs, mini-pizzas, glaces artisanales et pâtisseries originales faites sur place. Arrivez tôt, car le service peut devenir lent et désorganisé lors de périodes d'affluence.

Tropikathai €€ [71]

lun-mer 9h30 à 19h, jeu-dim 9h30 à 22h; 9 rue du Mérou, Anse à l'Âne, 06.96.19.52.51, www.facebook.com/tropikathai

Petit resto économique qui donne directement sur la plage de l'Anse à l'Âne. Mets créoles classiques (accras, féroce d'avocat, poulet boucané, poisson grillé) servis dans la bonne humeur. Service qui peut parfois s'avérer lent.

La Marine €€€ [63]

Marina de la Pointe du Bout, 05.96.66.02.32, https://restaurantlamarine.eu

Ce resto de la marina compte trois grandes salles à la fois aérées et chaleureuses où domine le bois. Menu très varié: tartare, filet grillé au poivre, risotto de fruits de mer, fricassée de lambis, moules-frites, pizzas. Si vous avez une grosse faim, optez pour le plateau du pêcheur (langouste, crevettes, crabe farci, gambas, calmars frits).

La Pause €€€ [64]

Village Créole, Pointe du Bout, 05.96.52.41.17

Au cœur du Village Créole, l'invitante terrasse couverte d'une grande voile de La Pause attire beaucoup de monde: un bon signe. Quelques tables sont également disponibles à l'intérieur. Délicieuses brochettes, savoureuses salades, tapas, grillades. Bon choix de cocktails, dont un étonnant *piña colada* servi dans un ananas. Service attentif, quoiqu'un peu lent.

Le Bistrot d'en Face €€€ [65]

Village Créole, Pointe du Bout, 05.96.76.03.87, www.lebistrotdenface.net

À la fois une brasserie et un bar à vin dans l'une des maisons colorées du Village Créole. Cuisine de bistro: tartare, bavette à l'échalote, jarret de porc, saucisses, frites maison, assiettes de charcuteries ou de fromages. Bon choix de vins au verre. Petite terrasse ombragée sur le côté.

Le Green Impérial €€€ [66]

mar-sam; 44 av. de l'Impératrice, bourg des Trois-Îlets, 05.96.68.47.13

Petit resto sans prétention aménagé dans une salle qui fait davantage penser à un bar (ses cocktails sont d'ailleurs reconnus), Le Green Impérial se trouve non loin du cœur du bourg des Trois-Îlets. Grillades et langoustes figurent au menu. Préférez la salle intérieure à la bruyante

La Pause.

petite terrasse à l'avant qui donne sur le bord de la route.

Pignon sur Mer €€€-€€€€ [70]

mar-sam midi et soir, dim midi seulement; Anse à l'Âne, 05.96.68.38.37

Un peu plus chic que ses voisins de l'Anse à l'Âne, Pignon sur Mer propose poissons, langoustes, écrevisses et autres fruits de mer bien apprêtés. La terrasse ouverte sur la plage demeure agréable malgré la présence d'un grillage peu esthétique. Prix tout de même un peu élevés.

Le Zandoli €€€€ [68]

lun-mer midi seulement, jeu-dim midi et soir; La Suite Villa, route du Fort d'Arlet, Anse Mitan, 05.96.59.88.00, https://la-suite-villa.com/restaurant

L'une des meilleures tables de la Martinique tout entière. La cuisine est ici raffinée et le cadre élégant et design. Au menu, réinterprétations créatives de mets classiques comme le filet de canard rôti au rhum, le tartare de langouste, le filet mignon de porc, le coq au vin et le risotto de chatrou. Carte plus courte et économique le midi, alors que l'on peut en profiter pour se baigner dans la splendide piscine à débordement sur laquelle donne la terrasse colorée. Vue spectaculaire sur la baie de Fort-de-France.

Bars et boîtes de nuit

(voir carte p. 45)

Casino Trois-Îlets [74]

tlj 11h à 3h; 24 rue des Bougainvilliers, Anse Mitan, 05.96.66.00.30, www.casinotroisilets.com

Maison de jeux installée ι vilain bâtiment sur la route ,

Bakoua.

l'Anse Mitan à la Pointe du Bout. À l'intérieur, dans un décor de village antillais, cohabitent tables de black-jack et de roulette, une soixantaine de machines à sous et vidéopokers, un bar et un restaurant.

Le Kano [75]

31 rue des Bougainvilliers, Anse Mitan, 05.96.78.40.33, www.lekano.fr

Resto-bar subdivisé en quelques salons aux ambiances diverses. Des DJ ou des musiciens animent les soirées. Fait face au casino d'un côté et à la plage de l'autre.

Le Sax [76]

mar-sam 19h à 2h; Village de la Poterie, 06.96.79.07.87, http://le-sax.lyl-resto.com

Resto et piano-bar à l'ambiance feutrée où se produisent des musiciens jazz à compter de 19h. Bon choix de cocktails, vins et champagnes.

Logement

(voir carte p. 45)

Courbaril Village €€-€€€ [88]

Anse à l'Âne, 05.96.68.32.30, www.courbarilvillage.net

Sur la plage de l'Anse à l'Âne, non loin du ponton, il est un peu surprenant de découvrir ce village de maisonnettes en bois peintes de couleurs gaies. Ces cabanes, accolées les unes aux autres, renferment studios et appartements pour deux à six personnes.

Habitation Desrosiers €€-€€€ [89]

17 rue du Dauphin, Anse à l'Âne, 05.96.68.33.87, www.habitationdesrosiers.com

Grande maison de style créole comptant cinq appartements à louer, sur les hauteurs de l'Anse à l'Âne. Chaque unité comprend une chambre avec grand lit, un salon avec divan-lit, une cuisine tout équipée et un accès à une terrasse couverte.

L'Impératrice Village €€-€€€ [92]

Anse Mitan, 05.96.66.08.09, www.imperatricevillage.fr

Joli complexe situé en retrait, dans un cadre tranquille. Ses quelque 60 studios sont répartis par groupe de trois ou quatre dans d'agréables bungalows ayant la forme de maisons créoles. Malgré l'impression d'éloignement, la plage de l'Anse Mitan n'est qu'à 10 min de marche.

Le Panoramic €€€-€€€€ [94]

15 rue du Dauphin, Anse à l'Âne, 05.96.68.78.48, www.lepanoramic.fr

Situé sur les hauteurs de l'Anse à l'Âne, le Panoramic compte 36 appartements avec balcon. Ceux de l'étage offrent une vue imprenable sur la plage et l'ensemble de la baie de Fort-de-France. L'établissement repose dans un domaine verdoyant et fleuri.

Carayou Hôtel et Spa €€€-€€€€€ [87]

Pointe du Bout, 05.96.66.04.04, www.hotel-carayou.com

Complexe de 132 chambres de bonnes dimensions, lumineuses et décorées avec goût. Aménagement agréable dans une cocoteraie avec accès à une plage privée et deux grandes piscines. Nombreuses animations proposées.

Résidence Village Créole €€€-€€€€€ [95]

Village Créole, Pointe du Bout, 05.96.66.03.19, www.villagecreole.com

À l'étage des maisonnettes qui forment le Village Créole, 22 appartements et studios sont proposés en location. Ils sont joliment décorés en plus de bénéficier d'un généreux éclairage naturel. Studios pour une à quatre personnes, appartements de deux pièces pour une à sept personnes.

Hôtel La Pagerie €€€€-€€€€€ [91]

Pointe du Bout, 05.96.66.05.30, www.hotel-lapagerie.com

Premier hôtel qu'on aperçoit en arrivant à la Pointe du Bout. Bien qu'il ne possède pas sa propre plage, comme le Bakoua et le Carayou, il n'a rien à envier à ses riches voisins. Emplacement avantageux, aménagement réussi autour d'un jardin tropical avec piscine, espaces communs garnis d'œuvres d'art contemporain, bon rapport qualité/prix.

Bakoua €€€€€ [86]

Pointe du Bout, 05.96.66.02.02, www.hotel-bakoua.fr

L'élégant Bakoua, construit autour d'une piscine sublime dont la forme rappelle un coquillage géant, compte 138 unités. Le raffinement de la décoration des chambres et des suites ravira les plus blasés. Petite plage artificielle avec pas menant à un bar circulaire.

Hôtel Bambou.

Hôtel Bambou €€€€€ [90]

Anse Mitan, 05.96.66.01.39, www.hotelbambou.fr

Un chemin pavé serpente dans un joli jardin où d'étranges petites cabanes colorées sont disposées. Voilà le Bambou, un classique de l'Anse Mitan. Avec son agréable piscine, son accès direct à la plage, sa grande salle à manger ouverte sur deux côtés et comprenant une piste de danse (des musiciens animent le repas du soir), il règne ici une atmosphère qui n'est pas sans rappeler celle d'un terrain de camping familial. Agrandi (nouvelle section de maisonnettes avec une seconde piscine) et rénové ces dernières années, l'établissement a toutefois augmenté considérablement ses tarifs.

La Suite Villa €€€€€ [93]

route du Fort d'Arlet, Anse Mitan, 05.96.59.88.00, https://la-suite-villa.com

Splendide hôtel-boutique situé sur les hauteurs de l'Anse Mitan. Le bâtiment principal, dont le décor coloré est ponctué de nombreuses œuvres d'art contemporain, abrite six chambres au cadre tout aussi design. Chacune dispose d'une baignoire à remous et donne sur une grande terrasse avec vue à couper le souffle sur la baie de Fort-de-France. Dans les jardins en contrebas sont disséminées neuf villas de une à trois chambres bien équipées. Piscine à débordement sur laquelle donne la terrasse de l'excellent restaurant Le Zandoli (voir précédemment). Centre de remise en forme (spa) ouvert à la clientèle extérieure.

3

Les Salines et la route des plages du Sud

À l'extrême sud de la Martinique, la plage de la Grande Anse des Salines, avec son sable blanc immaculé que caresse une eau turquoise d'une incroyable limpidité, jouit d'une renommée internationale. Un peu au nord, le Club Med Les Boucaniers, lui aussi célèbre, a été construit il y a déjà bien longtemps à la Pointe Marin, près de Sainte-Anne. La région de Sainte-Luce attire pour sa part de plus en plus de vacanciers séduits par ses jolies plages, alors qu'au Marin, où se trouve le plus grand port de plaisance de l'île, d'innombrables possibilités s'offrent aux amateurs d'excursions en mer.

On le voit, la région la plus méridionale de la Martinique, avec la **route des plages du Sud** ★★★, constitue une sorte de terrain de jeu géant où il fait bon profiter du soleil et de la mer. C'est à l'exploration de ce pays de rêve que vous convie le présent circuit.

De Fort-de-France, il faut rejoindre la route nationale 1 (N1) en direction du Lamentin, puis se diriger vers Sainte-Luce par la N5. Au Marin, la route départementale 9 (D9) mène vers Sainte-Anne et les Salines.

Sainte-Luce

À voir, à faire

(voir carte p. 73)

Sainte-Luce ★★ et ses environs comptent environ 10 000 habitants qui vivent principalement de la pêche et du tourisme. La région est en effet une zone de villégiat[…] constante progression, si bien[…]

Les Salines et la route des plages du Sud

À voir, à faire

Sainte-Luce
1. AX Distillerie Trois-Rivières
2. AX Anse Mabouyas
3. AX Fond Banane
4. AX Anse Corps de Garde
5. BX Anse Pont Café
6. BX Plage de Gros Raisin
7. BX Médiathèque
8. BX Forêt de Montravail

Rivière-Pilote
9. BX Distillerie La Mauny
10. BY Anse Figuier
11. BY Écomusée de Martinique

Le Marin
12. CX Cul-de-Sac du Marin
13. DX Marina
14. CX Église Saint-Étienne
15. CX Morne Gommier

Sainte-Anne
16. CY Moulin de Val d'Or
17. CY Plage de la Pointe Marin
18. CY Anse Caritan

Les Salines et l'extrême Sud-Atlantique
19. CZ Grande Anse des Salines
20. CZ Étang des Salines
21. DZ Savane des Pétrifications
22. CZ Petite Anse des Salines
23. CZ Anse Meunier
24. CZ Plage de Grande-Terre
25. DZ Anse Trabaud
26. DY Baie des Anglais
27. EY Anse Michel
28. EY Anse aux Bois
29. EY Pointe aux Pommes
30. DY Îlet Chevalier
31. DY Tour d'observation
32. EX Anse Grosse Roche

Activités

Sainte-Luce
33. BX Jet Adventure
34. BX Kariba Plongée
35. BX Sainte-Luce Kawan Plongée
36. BX Sentier du littoral

Le Marin
37. CX Alizés Yole
38. CX Aquabulle
39. CX Club nautique du Marin
40. CX Excursions Passion
41. DX Immersion Caraïbes
42. CX Jet7 Martinique
43. CX Marin Plongée
44. DX Marina du Marin
45. CX Paradis Plongée

Sainte-Anne
46. CY Centre de plongée Kalinago
47. CZ La Trace des Caps
48. CY Loisirs nautiques
49. CY Maya Beach Club
50. CY Natiyabel
51. CY RANDOBUGGY

Les Salines et l'extrême Sud-Atlantique
52. EY Alizé Fun
53. EY Lagon Évasion

Achats

Sainte-Luce
54. AX La Maison du Coco
55. AX La Maison du Madras
56. BX Marché
57. BX Superette Bacchus

Le Marin
58. CX Carrefour Market
59. CX Marché
60. DX Simply Market

Sainte-Anne
61. CY Atelier de Cathy Mélin
62. CY Chez Mireille
63. CY 8 à Huit
64. CY Marché public
65. CY Oz'Ar

Les Salines et l'extrême Sud-Atlantique
66. CY/CZ Défilés sur la plage

Suite de la liste p. 74

OCÉAN ATLANTIQUE
Mer des Caraïbes
Localisation
N
Trois-Rivières
Anse Mabouyas
Anse Corps de Garde
Forêt de Montravail
Sainte-Luce
Gros Raisin
Anse Figuier
Rivière-Pilote
Morne Gommier (260 m)
Le Marin
Cul-de-Sac du Marin
Pointe Marin
Pointe Borgnesse
Sainte-Anne
Anse Caritan
Trace des Caps
Grande Anse des Salines
Étang des Salines
Savane des Pétrifications
Îlet Cabrits
Table du Diable
Baie des Anglais
Îlet Chevalier
Cap Chevalier
Cap Ferré
Pointe Macré
D36
N5
D7
D17
D8
N8
D18
N6
D33
D9
D9A
0
2
4km
©ULYSSE
a
b
c
d
e
x
y
z

Les Salines et la route des plages du Sud *(suite)*

Cafés et restos

Sainte-Luce

67. BX Caribbean Food
68. BX Case Coco
69. BX La Baraqu'Obama
70. AX La Perle Bleue
71. BX Le Panda Givré
72. BX Pura Vida
73. BX Snack La Marée

Le Marin

74. DX L'Oyster
75. CX Le Zanzibar
76. CX Mango Bay
77. CX Marin Mouillage
78. CX Ti Toques

Sainte-Anne

79. CY Cap Crêpes
80. CY La Cour créole
81. CY La Daurade
82. CY La Ronde des Yoles
83. CY Le Coco Neg
84. CY Les Tamariniers
85. CY Otantik
86. CY Pirates Beach
87. CY Ti Jardin

Les Salines et l'extrême Sud-Atlantique

88. EY Chez Gracieuse
89. EY Le Cocotier
90. CZ Sissy

Bars et boîtes de nuit

Sainte-Luce

91. BX Le Nautilux

Le Marin

92. DX KokoaRum
93. DX Numéro 20

Sainte-Anne

94. CY La Dunette
95. CY Paille Coco

Logement

Sainte-Luce

96. BX Brise Marine
97. AX Hôtel Corail Résidence
98. BX Karibea Resort Sainte-Luce
99. BX La Résidence Douce Vague
100. BX Les Deux Cocotiers
101. BX Ti'Paradis
102. BX Village Club Sainte-Luce Pierre et Vacances

Rivière-Pilote

103. BY Le Paradis de l'Anse

Sainte-Anne

104. CY Anoli Lodges Village
105. CY Airstream Paradise Resort & Bungalow Park
106. CY Antilles Liberté
107. CY Camping municipal de Sainte-Anne
108. CY Club Med Les Boucaniers
109. CY Habitation Bellevue

la population double littéralement pendant les périodes touristiques de pointe. La construction de plusieurs complexes hôteliers a fait de ce coin l'un des plus importants centres touristiques de l'île. Malgré cela, l'authenticité de son bourg, sans doute l'un des plus sympathiques de la Martinique, demeure intacte et ne semble pas trop souffrir de ces «bouleversements».

Environ 5 km passé Rivière-Salée, empruntez la sortie conduisant au quartier Trois-Rivières.

Distillerie Trois-Rivières.

Distillerie Trois-Rivières ★ [1]

visite libre et dégustation gratuite, 3€ pour la visite guidée; tlj 9h à 17h30; 05.96.62.51.78, www.plantationtroisrivieres.com

Même si le rhum Trois-Rivières est depuis longtemps distillé chez La Mauny, à Rivière-Pilote, des visites guidées *(à 9h30, 10h30, 11h30, 14h, 15h et 16h)* sont toujours proposées ici et permettent d'en apprendre davantage sur la fabrication de cet alcool et sur l'histoire de la plantation. Une simple promenade libre dans ce domaine vallonné où l'on cultive toujours la canne à sucre s'avère aussi fort agréable. On y découvre le moulin à vent emblématique de la plantation, ainsi que quelques boutiques d'artisans disséminées çà et là sur la propriété.

Rebroussez chemin en direction du bourg de Sainte-Luce. Vous longerez alors la côte sur une petite route (D7) et aurez le loisir de vous arrêter à l'une des belles plages du secteur.

Anse Mabouyas ★ [2]

Première d'une série de jolies plages de sable blanc accessibles par un petit chemin parallèle à la route principale entre Trois-Rivières et le bourg de Sainte-Luce, l'Anse Mabouyas demeure encore un secret relativement bien gardé. Sa courte plage est baignée par une eau claire et calme.

Fond Banane ★★ [3]

Un peu plus loin, après le quartier Désert, la belle plage de Fond Banane est caressée par une eau limpide. On s'y rend beaucoup plus facilement qu'à la précédente, car en étant attentif, on l'aperçoit [illegible] route.

L'une des plages des environs de Sainte-Luce.

Anse Corps de Garde ★★ [4]

On ne peut rater ensuite le terrain de stationnement de la plage aménagée à l'Anse Corps de Garde. L'endroit est fort populaire, tout particulièrement durant la fin de semaine et les grandes vacances scolaires.

Anse Pont Café ★★ [5]

Jolie plage de sable blanc voisine du Village Club Sainte-Luce Pierre et Vacances (voir plus loin), ce qui rend possible la présence de prestataires d'activités nautiques diverses (excursions en mer, plongée sous-marine, location de kayaks et de motomarines).

Plage de Gros Raisin ★★ [6]

La plage de Gros Raisin est, quant à elle, suffisamment longue pour que la foule qui la découvre un peu plus chaque jour n'apparaisse pas trop dense. Vous profiterez ici aussi d'une eau calme et d'un sable superbement blanc.

Le bourg de Sainte-Luce ★★

Avec sa charmante petite église et les innombrables gommiers de ses pêcheurs, Sainte-Luce est un village serein qu'anime l'arrivée massive des vacanciers qui s'installent dans les environs. Le boulevard Kennedy, qui longe le front de mer, est devenu un lieu de rendez-vous grâce aux pêcheurs qui viennent y vendre leurs prises et aux nombreux restos qui s'y alignent d'un côté de la voie avec, bien souvent, une terrasse de l'autre côté, près de la mer. Un marché achalandé, de nombreuses boutiques et d'autres restaurants encore rendent fort agréable l'exploration de l'ensemble du village, maintenant dominé par la silhouette futuriste de la toute nouvelle **médiathèque** [7].

Forêt de Montravail ★ [8]

La route D17 en direction nord permet d'atteindre la forêt de Montravail, que l'Office National des Forêts a aménagée pour accueillir les visiteurs (aires de pique-nique). Quelques sentiers de randonnée en boucle sont agrémentés de sculptures réalisées à même des troncs d'arbres.

Activités *(voir carte p. 73)*

Activités nautiques

Jet Adventure [33]

Anse Pont Café, 06.96.51.99.99, https://jetadventure.fr/martinique

Location de motomarines, bouées tractées, planches à pagaie et kayaks. Sur la petite plage de l'Anse Pont Café, à proximité du Village Club Sainte-Luce Pierre et Vacances.

Plongée

La Grande Caye de Sainte-Luce, un récif de 200 m de long, se trouve un peu à l'est du bourg. On y trouve notamment un jardin corallien à environ 5 m de profondeur. Plus au large, le site Les Trois Vallées se compose de trois plateaux coralliens que séparent des langues de sable.

Kariba Plongée [34]

Village Club Sainte-Luce Pierre et Vacances, Pointe Philippeau, 06.96.18.10.72, www.karibaplongee.com

Sorties diverses vers une quinzaine de sites de plongée au large de Sainte-Luce, du Diamant et de Sainte-Anne. Cocktail sur la plage de l'Anse Pont Café offert en fin d'excursion.

Sainte-Luce Kawan Plongée [35]

43 bd Kennedy, 06.96.76.58.69, http://sainteluce.kawanplongee.com

Club installé dans le bourg de Sainte-Luce, au bord de la mer. Nombreuses sorties chaque jour dans la réserve sous-marine qui s'étend entre Sainte-Luce et Sainte-Anne.

Randonnée pédestre

Sentier du littoral [36]

Sentier d'environ 4 km, très facile à parcourir et fort agréable. La balade permet d'accéder à pied à toutes les plages qui se succèdent entre le bourg de Sainte-Luce et le quartier Trois-Rivières.

Achats *(voir carte p. 73)*

Alimentation

Marché [56]

tlj 6h à 13h

Sur le front de mer. Plus élaboré le samedi.

Superette Bacchus [57]

34 rue Victor-Schœlcher

Épicerie qui propose une b sélection de denrées.

Artisanat

Quelques boutiques d'artisans s'alignent le long d'un petit sentier dans la plantation de la Distillerie Trois-Rivières, dont les suivantes:

La Maison du Coco [54]
Distillerie Trois-Rivières, 05.96.62.51.10
Innombrables objets fabriqués à l'aide de noix de coco, mais aussi glaces coco, confiseries coco, punch coco...

La Maison du Madras [55]
Distillerie Trois-Rivières
Robes, tabliers, linges de maison et autres articles confectionnés avec du véritable madras.

Cafés et restos

(voir carte p. 73)

Le Panda Givré € [71]
dim-ven 14h à 20h, sam 16h à 22h;
14 rue Jean-Jaurès, 05.96.63.66.10
Une véritable bénédiction, surtout par temps très chaud, que ce comptoir de savoureuses glaces artisanales servies en cornet gaufré maison, installé au cœur du bourg. Pas moins d'une trentaine de parfums proposés.

Caribbean Food €€ [67]
lun-sam midi et soir, dim midi seulement;
plage de Gros Raisin, 06.96.18.26.94,
www.facebook.com/CaribbeanfoodMartinique
Sympathique resto-bar posé directement sur la plage de Gros Raisin. Menu de plats créoles simples (accras de morue, fricassée de chatrou, steak de lambis, langouste et poissons grillés, flan coco maison), mais frais et servis en copieuses portions. Grande terrasse ombragée très agréable. Location de chaises longues pour la plage.

La Baraqu'Obama €€ [69]
mar-sam midi et soir, dim soir seulement;
67 bd Kennedy, 06.96.80.78.75,
www.facebook.com/Labaraquobama
Au-delà du calembour un brin facile (mais, il faut bien dire, efficace pour attirer l'attention...), ce petit resto sans prétention mérite considération pour son ambiance décontractée, ses savoureuses grillades (côtes levées, entrecôte, poulet) et ses langoustes fraîches.

Snack La Marée €€ [73]
bd Kennedy, 06.96.09.83.99
Une autre de ces petites grilladeries avec terrasse du front de mer de Sainte-Luce. Langouste, lambis, vivaneau, crevettes, entrecôte, côtes levées, ailes et cuisses de poulet grillés en plein air au bord de la rue. Service souriant. L'attente peut toutefois s'avérer longue s'il y a beaucoup de monde.

Case Coco €€€ [68]
mer-dim midi et soir; 58 rue Victor-Schœlcher,
05.96.62.32.26, www.restaurant-case-coco.fr
Bonne table installée dans une séduisante case colorée avec terrasse donnant sur le boulevard Kennedy, bien que son adresse officielle la situe sur la rue Victor-Schoelcher. On y sert une cuisine métissée

préparée avec soin et originalité : accras de morue, farandole de tapas créoles, filets de lambi à la plancha, magret de canard flambé au rhum vieux, hamburger bistronomique.

La Perle Bleue €€€ [70]

mer-sam midi et soir, dim midi seulement; route de la Plage, quartier Trois-Rivières, 05.96.62.59.63

Situé à l'écart, au bord d'une petite plage près du port de pêche de Trois-Rivières, ce resto autrefois connu sous le nom de Côté Sud jouit d'un cadre des plus agréables. L'accueil et le service s'y font dans la bonne humeur et le menu aligne d'étonnantes variantes de plats créoles : filet de volant farci aux oursins, roulé d'écrevisses au lard fumé, mignon de porc flambé au rhum. Réservations nécessaires en soirée.

Pura Vida €€€ [72]

mar-dim; Villa B14, Gros Raisin, 05.96.53.89.35, http://restaurantpuravida.fr

Une « cuisine traditionnelle française combinée aux produits du terroir martiniquais » servie dans un décor soigné, influencé par l'Amérique centrale... L'expression « cuisine métissée » prend ici tout son sens. Mi-cuit de thon, ouassous à la plancha, pavé de dorade en croûte d'amandes, *picanha* (surlonge) de bœuf marinée, poitrine de porc confite au colombo, noix de veau en croûte à la parisienne avec mousseline d'igname. Présence d'un musicien quelques soirs par semaine.

Pura Vida.

Bars et boîtes de nuit

(voir carte p. 73)

Le Nautilux [91]

31 bd Kennedy, 05.96.62.47.25, https://nautilux.restaurant-martinique.net

Petit établissement où les pêcheurs aiment bien venir se désaltérer. Situé sur la plage, près du ponton. Soirées avec orchestre le mercredi. On peut aussi y manger.

Logement

(voir carte p. 73)

Tout juste avant d'atteindre Sainte-Luce par la petite route qui longe la mer et traverse les quartiers de Trois-Rivières et de Désert, on trouve une série de résidences où des studios ou appartements équipés sont en location. C formule peut s'avérer économique pour un emplacement aussi stratégique. Notez aussi que de nombreux **gîtes ruraux** *(www.gitesdefrance-martinique.com)* sont installés sur les hauteurs de Sainte-Luce.

Les Deux Cocotiers €€ [100]

B59 Gros Raisin, 05.96.62.41.50

Belle maison toute blanche dont les aimables propriétaires ont transformé les pièces du rez-de-chaussée en quatre sympathiques studios. Jolie petite plage, juste derrière la maison, que longe une agréable promenade.

La Résidence Douce Vague €€-€€€ [99]

1 rue de la Plage, Gros Raisin, 05.96.62.47.47, www.douce-vague.com

L'une des nombreuses résidences des environs avec studios ou appartements tout équipés à louer (16 dans ce cas-ci). L'établissement, rénové de fond en comble ces dernières années, donne sur un grand jardin (fleurs, bananiers, cocotiers...), tout près de la plage.

Hôtel Corail Résidence €€€ [97]

Anse Mabouyas, 05.96.62.11.01, www.hotelcorail.com

Petit complexe de 25 studios et appartements répartis dans deux bâtiments, niché dans un coin isolé et très paisible de l'Anse Mabouyas. Chacune des unités est joliment décorée et possède une cuisinette aménagée en terrasse. La plupart ont vue sur la piscine et la mer.

Brise Marine €€€-€€€€ [96]

Gros Raisin, 05.96.62.46.94, www.brise-marine.fr

Ensemble qui abrite des studios pour deux personnes et des bungalows pouvant en loger jusqu'à cinq très confortablement. Entouré d'un superbe jardin, avec des fauteuils et des chaises longues, il donne directement sur la plage. Location de voitures proposée sur place.

Karibea Resort Sainte-Luce €€€-€€€€ [98]

quartier Désert, 05.96.62.12.00, www.karibea.com

Vaste complexe qui regroupe les hôtels Les Amandiers et Amyris et la Résidence Caribia. Le premier s'avère le plus chic et dispose de 117 chambres agréablement garnies de meubles de rotin, d'une piscine entourée d'un jardin tropical, d'un court de tennis et d'un accès direct à la plage. Le voisin immédiat, l'Amyris, abrite 110 petites suites pour trois ou quatre personnes. En face, la Résidence Caribia est une sorte de village de 75 suites équipées de cuisinettes, coincé entre la N5 et la petite route donnant accès aux plages.

Ti'Paradis €€€-€€€€ [101]

69 Gros Raisin, 05.96.62.78.20, https://ti-paradis-martinique.com

Bien que située au nord de la route D7, soit du côté opposé à celui des plages, cette maison d'hôte n'en demeure pas moins une adresse des plus séduisantes. Elle s'élève dans un agréable jardin, pratiquement à l'entrée du bourg de Sainte-Luce, et

La Résidence Douce Vague.

abrite de jolies chambres aux dimensions restreintes, mais avec balcon et vue sur la piscine bien aménagée et sur la mer. Un appartement d'une chambre à coucher pouvant loger quatre personnes et un studio pour deux sont aussi proposés à l'arrière de la maison.

Village Club Sainte-Luce Pierre et Vacances €€€€ [102]
Pointe Philippeau, 05.96.62.12.62, www.pierreetvacances.com
Vaste domaine avec grands pavillons aux toits de tuiles rouges, terrains de jeu, piscine, théâtre de verdure et sentier menant à la plage de Pont Café. Complexe de 337 appartements, du studio pour deux jusqu'à l'appartement de trois pièces pour six personnes, avec jolie décoration antillaise et balcon équipé d'une cuisinette. Club réservé aux enfants.

Tout de suite après Sainte-Luce, quittez la N5 pour emprunter la route D18 vers l'intérieur des terres et vous diriger vers Rivière-Pilote.

Rivière-Pilote

À voir, à faire

(voir carte p. 73)

Le nom de ce bourg des plus animés, surtout aux alentours de son marché couvert et de son église rénovée, vient d'un chef caraïbe surnommé Pilote, qui, tout comme Arlet, accepta de se rallier aux Français. Les quelque 13 500 Pilotins tirent leur subsistance de l'agriculture (canne à sucre, bananes, légumes), de l'élevage et de la pêche.

Écomusée de Martinique.

Distillerie La Mauny [9]

visite guidée 8€; lun-sam 9h à 17h30; 05.96.68.18.79, www.lamauny.com

Lieu de fabrication du rhum agricole le plus fameux de la Martinique. Dès 1749, l'Habitation La Mauny fut baptisée de son nom actuel par Joseph Ferdinand Poulain, comte de Mauny en Normandie. Aujourd'hui, le rhum La Mauny accapare 50% du marché intérieur martiniquais. La visite du domaine à bord d'un petit train *(à 10h, 11h, 12h, 14h, 15h et 16h)* permet de comprendre toutes les étapes de l'élaboration du rhum agricole. Vente et dégustation à la Cabane à Rhum.

De retour sur la route principale (N5), prenez la première sortie sur la droite pour vous diriger vers l'Anse Figuier.

Anse Figuier ★ [10]

Cette belle plage de sable blanc a été aménagée pour recevoir les familles martiniquaises. Mer calme et eau peu profonde. Grand stationnement à proximité.

Écomusée de Martinique ★★ [11]

4€; mar-jeu 8h30 à 17h30, ven 8h30 à 17h, sam 8h30 à 13h et 14h à 17h, dim 9h à 13h et 14h à 17h; au bord de la plage de l'Anse Figuier, 05.96.62.79.14

Installé dans une ancienne distillerie, ce musée rend compte des diverses périodes marquantes de l'histoire de la Martinique: la préhistoire arawak et caraïbe, l'ère coloniale, le système esclavagiste et l'économie de plantation. Parmi les pièces les plus intéressantes, mentionnons la maquette du bateau négrier *L'Aurore*, qui pouvait transporter jusqu'à 650 esclaves, et une autre reproduisant un village caraïbe entier. À l'étage, une petite exposition est consacrée au romancier et poète martiniquais Joseph

Zobel. À deux pas de l'écomusée, une boutique d'artisanat, La Maison du Bambou, complète la visite.

Logement

(voir carte p. 73)

Le Paradis de l'Anse €€ [103]

Anse Figuier, 05.96.62.90.60, https://paradisdelanse-residence.fr

Un chemin très à pic conduit à cette belle maisonnette accrochée à flanc de colline. En plus d'une vue splendide, vous y trouverez des studios et appartements tout équipés à louer. Quatre bungalows situés sur le même domaine sont également proposés.

Continuez sur la N5 en direction sud. Vous longerez bientôt la pointe Borgnesse.

Le Marin

À voir, à faire

(voir carte p. 73)

Depuis la pointe Borgnesse, la vue sur le **Cul-de-Sac du Marin** ★★ [12], une grande baie étroite au bord de laquelle se blottit l'important centre administratif qu'est devenu Le Marin, est extraordinaire. Beaucoup d'automobilistes, séduits par le panorama, s'arrêtent alors à la halte routière aménagée ici. Juste en face, vous apercevrez les bâtiments blancs du Club Med Les Boucaniers.

Réputé pour sa grande **Marina** ★ [13], Le Marin a peu d'autres attraits à proposer, à part sa belle église et son **bord de mer** où il fait bon se balader. Il s'agit d'un gros bourg affairé, que l'on fréquente surtout pour des questions d'ordre utilitaire, comme le ravitaillement (plusieurs supermarchés). Cela dit, les environs du port de plaisance, le plus grand de l'île et l'un des plus importants de toutes les Caraïbes, demeurent animés en tout temps. La Marina du Marin constitue le point de rencontre pour d'innombrables activités nautiques et plusieurs restos-bars accueillent marins et excursionnistes.

Église Saint-Étienne ★ [14]

bourg du Marin

Vous serez charmé par la belle façade jésuite de l'église Saint-Étienne, qui date du XVIIIe s. Le bâtiment renferme des ornements et des marbres remarquables, qui étaient en fait destinés à la cathédrale de Lima, au Pérou. Le bateau qui les transportait fut surpris par une tempête, et la légende raconte que son capitaine jura de faire don de sa précieuse cargaison si lui et son équipage étaient sauvés. Ils échouèrent alors au Marin... sains et saufs.

Morne Gommier ★★ [15]

5€; tlj 10h à 18h; au dernier rond-point avant Le Marin en venant de Sainte-Luce, suivre le panneau «Point de vue», 05.96.74.25.01

L'observatoire aménagé au s
met de cette colline (260 m) p

d'embrasser du regard l'ensemble de la baie du Marin, tout le sud de la Martinique et bien au-delà. Un panorama vraiment spectaculaire! Un guide accueille les visiteurs, raconte l'histoire de l'île et donne des explications sur sa géologie et ses volcans.

Activités

(voir carte p. 73)

Navigation de plaisance et excursions en mer

Récemment agrandie à son extrémité est, la **Marina du Marin** [44] *(05.96.74.83.83, www.marina-martinique.fr)* compte 750 postes à quai pour l'amarrage d'embarcations et 100 autres sur bouées. Services offerts: douane, vente de carburant, services médicaux, sanitaires, collecte de déchets.

Alizés Yole [37]
05.96.66.08.27 ou 06.96.84.67.37, https://alizesyoles.wixsite.com/alizes-yoles
Initiation à la navigation d'une yole ronde, une embarcation à voile conçue pour la compétition. Départ sur la plage du Marin, en face du restaurant Zanzibar. Comptez 35€.

Aquabulle [38]
05.96.74.69.69, www.aquabulle.com
Excursions à bord d'un bateau à fond de verre au départ du Marin. Comptez de 26€ à 30€ par adulte pour une promenade d'une heure et demie à deux heures, avec ou sans baignade.

Club nautique du Marin [39]
bassin Tortue, 05.96.74.92.48, www.clubnautiquedumarin.com
Nombreuses possibilités de formations (voile, pilotage de bateau), d'excursions (plongée, randonnée nautique) et de locations (kayak).

Excursions Passion [40]
départ à 7h, retour à 17h30; 05.96.74.00.67
À la Marina du Marin, vous pouvez vous inscrire à l'une des excursions en catamaran vers l'île voisine de Sainte-Lucie.

Jet7 Martinique [42]
Marina du Marin, tout près du restaurant Mango Bay, 06.96.11.33.66, www.jet7martinique.fr
Organisation d'excursions de sports nautiques divers: motomarine, bouées tractées, ski nautique.

Plongée

Immersion Caraïbes [41]
Marina du Marin, 06.96.33.40.95, www.immersioncaraibes.com
Plusieurs excursions possibles (plongée sous-marine et plongée-tuba) dans les principaux sites du Sud martiniquais.

Marin Plongée [43]
Marina du Marin, 05.96.74.05.31 ou 06.96.83.13.51, www.marinplongee.com
Trois sorties tous les jours. Photos-souvenirs de la plongée offertes aux participants.

Paradis Plongée [45]
Club nautique du Marin, bassin Tortue, 06.96.34.56.16, www.paradisplongee.com
Sorties de plongée sous-marine ou de plongée-tuba dans divers sites du

Le Marin.

sud de la Martinique. Une vidéo est remise aux participants.

Achats *(voir carte p. 73)*

Alimentation

Carrefour Market [58]
05.96.74.85.85
Grande surface située dans le centre commercial Annette, à l'entrée du village.

Marché [59]
mar-sam 6h30 à 14h, dim 6h30 à 12h; bd Allègre
Sous la grande halle bien visible, en bord de mer. Fruits, légumes, artisanat, boucher.

Simply Market [60]
05.96.51.28.73
Supermarché qui fait face à la section la plus récente de la Marina du Marin (portion est du port).

Cafés et restos

(voir carte p. 73)

L'Oyster €€-€€€ [74]
lun et mer-sam midi et soir, dim soir seulement; bd Allègre en face de la nouvelle marina, 05.96.65.50.80
Sympathique bar à huîtres, unique en son genre en Martinique, qui donne sur une séduisante petite terrasse avec meubles de bois foncé. Également au menu, crabe farci, tartare de poisson, assiettes de fromages et de charcuteries. Accueil chaleureux.

Mango Bay €€€ [76]
bd Allègre, Marina du Marin, 05.96.74.60.89
Assis à une longue table de bois, vous pourrez vous offrir ici une langouste grillée ou une pizza tout en contemplant le spectacle des bateaux qui vont et viennent. économique proposé. On peut

Le Zanzibar.

choisir la formule casse-croûte (omelettes, moules, crêpes).

Marin Mouillage €€€ [77]

lun-jeu midi, ven-sam midi et soir; bd Allègre en face de la marina, 05.96.74.65.54, www.marinmouillage.com

Resto créole très fréquenté (pensez à réserver) situé à l'étage et donnant sur une terrasse qui surplombe le boulevard Allègre. Vivaneau grillé, tartare de thon, fricassée de chatrou, poulet boucané. Soirées grillades les vendredis et samedis soir.

Ti Toques €€€ [78]

mer-dim 9h à 23h30; en face de la Marina du Marin, 05.96.74.72.32

Sympathique brasserie où il y a souvent foule. Salle très agréable, même si elle s'ouvre sur une terrasse qui donne sur la rue et s'avère quelque peu bruyante. Pizzas, crêpes, grillades. Service rapide et efficace.

Le Zanzibar €€€€ [75]

mar-sam midi et soir, dim midi seulement; 11 bd Allègre, 05.96.74.08.46, www.restaurantzanzibar.com

Grand resto-bar installé sur deux niveaux dans une maison qui fait face à la mer: bar au rez-de-chaussée, resto et terrasse à l'étage. Menu varié de spécialités antillaises et françaises mitonnées avec soin: ravioles de langoustes sauvages, tartare de poisson, carré d'agneau à la bagasse (résidu de la canne à sucre dont on a extrait le jus). Agréable salle à manger au cadre élégant. Service attentionné.

Bars et boîtes de nuit

(voir carte p. 73)

KokoaRum [92]

tlj 9h à 0h; bd Allègre, 05.96.48.02.21, www.facebook.com/kokoarum

Splendide terrasse couverte en bois au cœur de la portion la plus récente de la marina. Beau choix de rhums et de cocktails. Musiciens les mercredis, jeudis et vendredis soir. Également resto (salades, hamburgers, grillades).

Numéro 20 [93]

tlj 16h à 1h; 20 nouvelle marina, 05.96.66.02.84, https://numero20-martinique.com

Un bar à vin, cocktails, rhums et bières à savourer sur une terrasse située à l'étage de la nouvelle marina. Ambiance feutrée. Musiciens les mardis soir. Service de restauration en plus (tapas et quelques plats).

L'église de Sainte-Anne.

Peu après le village du Marin, il faut prendre à droite la D9 pour se diriger vers Sainte-Anne et les plages du Sud.

Sainte-Anne

À voir, à faire

(voir carte p. 73)

À l'arrivée aux abords du bourg de **Sainte-Anne** ★★★, deux embranchements permettent d'accéder au centre. Le premier conduit directement à l'entrée de la plage publique et du terrain de camping, de même qu'au Club Med Les Boucaniers. Par la suite, en bifurquant sur la gauche, vous pénétrerez dans le centre du village en longeant agréablement la côte (belle vue en plongée de la plage de la Pointe Marin). Si, par contre, vous empruntez la seconde voie d'embranchement avant de tourner à droite vers Sainte-Anne, vous accéderez à l'extrémité sud du village, près du marché, par l'avenue Nelson-Mandela.

La commune de Sainte-Anne, qui compte environ 4 200 habitants, est la plus méridionale de la Martinique. Son bourg est tout ce qu'il y a de plus coquet, avec son cimetière fleuri, sa petite place au bord de la mer sur laquelle donnent l'église et la mairie, ses boutiques, ses restaurants et son marché artisanal.

Moulin de Val d'Or ★ [16]

3€; ven-dim 9h à 12h et 14h à 17h; route D9, au premier rond-point conduisant vers Sainte-Anne

Ce splendide moulin de forme ronde du XVIIIe s., reconstruit sur la base de dessins anciens, servait à bro canne à sucre. Des bêtes, tour

RANDOBUGGY.

à l'étage d'une espèce de manège à deux niveaux, l'actionnaient. Le Parc Naturel Régional de la Martinique assure l'animation des lieux : guides, personnages en costumes d'époque, ânes et mulets démontrent le mécanisme du moulin. Malheureusement, les heures d'ouverture ne sont pas toujours respectées.

Plage de la Pointe Marin ★★★ [17]

stationnement gratuit pour les premières 15 min, puis 0,20€/15 min, maximum 5€/8h

La magnifique plage publique de Sainte-Anne est en fait le prolongement de la réputée plage du Club Med Les Boucaniers. Sable blanc, cocotiers, mer calme, limpide et peu profonde, proximité d'un agréable village, voilà les ingrédients qui en font l'une des plus belles de la Martinique.

Anse Caritan [18]

De l'autre côté du village, l'Anse Caritan offre une autre plage (beaucoup plus petite toutefois) qui plaira aux familles, notamment grâce à son parc de jeux nautiques gonflables.

Activités

(voir carte p. 73)

Activités nautiques

Loisirs nautiques [48]

sur la plage, à l'entrée du Club Med Les Boucaniers, 05.96.76.76.48

Location de scooters des mers (motomarines).

Maya Beach Club [49]

8€/h, 15€/2h, 20€/journée;
plage de l'Anse Caritan, 06.96.16.61.67, www.mayabeachclub.com

Parc aquatique constitué de jeux gonflables.

Excursions en véhicules tout-terrains

RANDOBUGGY [51]
route du Club Med Les Boucaniers,
06.96.20.02.56, www.randobuggymartinique.com
Balades en petits véhicules à quatre roues motrices d'une durée d'une à trois heures. Exploration de l'arrière-pays et des plages du sud jusqu'au Cap Chevalier.

Navigation de plaisance

Les plaisanciers noteront que le mouillage est possible devant la plage de la Pointe Marin, ainsi que devant le bourg et à la hauteur de la plage de l'Anse Caritan.

Plongée

Centre de plongée Kalinago [46]
05.96.76. 92.98, www.kalinagoplongee.fr
Ce centre organise des excursions de plongée au départ de la plage de la Pointe Marin. Tout au bout de la plage en se dirigeant vers le bourg de Sainte-Anne, en contrebas du cimetière.

Natiyabel [50]
près du marché, 06.96.36.63.01,
www.natiyabel.com
Club de plongée, mais aussi organisateur de randonnées pédestres. Son nom signifie d'ailleurs « la nature est belle ».

Randonnée pédestre

La Trace des Caps [47]
L'Office National des Forêts a balisé ce long sentier linéaire permettant la découverte à pied du littoral sud martiniquais depuis l'Anse Caritan, près de Sainte-Anne, jusqu'à la Petite Anse Macabou, au sud du Vauclin, sur la côte Atlantique. Compte tenu de sa grande étendue, ce sentier a été divisé en cinq sections: de l'Anse Caritan aux Salines (5 km, 2h), des Salines à l'Anse Trabaud (5 km, 2h), de la Baie des Anglais au Cap Chevalier (6,5 km, 3h), du Cap Chevalier au Cap Macré (7 km, 3h) et du Cap Macré à la Petite Anse Macabou (5 km, 2h30).

Ces randonnées sont considérées comme faciles, les seuls dangers potentiels étant les risques d'insolation et de brûlures par les mancenilliers (voir p. 189).

Achats *(voir carte p. 73)*

Alimentation

Chez Mireille [62] **et 8 à Huit** [63]
Dans la rue principale de Sainte-Anne, deux épiceries qui rivalisent pour attirer la clientèle.

Marché public [64]
tlj 6h à 13h; extrémité sud du village
Bien que de taille modeste, le marché de Sainte-Anne compte parmi les plus animés et colorés de l'île. Fruits, légumes, fleurs, boissons en tous genres et artisanat. Marchand de poisson et boucher voisins du marché.

Art et artisanat

Atelier de Cathy Mélin [61]
lun-sam; route D9, au rond-point marquant l'entrée de Sainte-Anne, 05.96.76.86.92,
www.cathy-melin.odexpo.com
Artiste peintre qui expose, à l'o du Moulin de Val d'Or, ses œu

colorées d'inspiration tropicale sur toile, papier et bois, ou reproduites sur cartes postales et tasses.

Oz'Ar [65]

mar-dim 9h à 13h et 16h30 à 19h; bourg de Sainte-Anne en face du marché, 05.96.38.44.07

Ravissante boutique qui rend compte de la production d'une quarantaine d'artistes et d'artisans regroupés en coopérative. Tableaux, bijoux, céramiques et autres créations originales.

Cafés et restos

(voir carte p. 73)

La Cour créole €-€€ [80]

mar-dim 11h à 21h; 15 rue Jean-Marie-Tjibaou, 05.96.62.59.18

Idéal pour un repas sur le pouce, ce sympathique traiteur-restaurant sert sandwichs, crabe farci, brochettes, poisson du jour, colombos et succulents desserts maison à déguster dans une adorable cour aménagée entre deux immeubles au cœur du bourg. Quelques tables à l'intérieur également. Service en continu toute la journée. Accueil chaleureux. Plats à emporter aussi proposés.

La Daurade €-€€ [81]

tlj; 3 rue du Capitaine Constant, 05.96.66.29.45

Minuscule resto coloré situé tout juste en face du marché. Accras, salade créole, poulet boucané. Soirée grillades le vendredi. Fort bon rapport qualité/prix.

Cap Crêpes €€ [79]

mar-sam soir; route du Club Med Les Boucaniers, 06.96.34.09.11

Une véritable crêperie bretonne sous les tropiques. Grand choix de crêpes salées et sucrées, comme il se doit.

Otantik €€ [85]

jeu-dim 12h à 22h; rue Frantz-Fanon, 06.96.75.45.82

Installé dans une coquette petite cabane de bois située juste avant l'entrée du bourg en venant du cimetière, ce resto propose un menu végétarien composé de salades colorées, de pâtés originaux (à l'oignon, à l'aubergine, au fruit à pain) et de préparations de poisson. Beau choix de jus de fruits frais et de pâtisseries maison aussi. Agréable mini-terrasse qui surplombe la mer. L'attente peut toutefois s'avérer longue.

Pirates Beach €€ [86]

mer-dim 11h à 18h; plage de l'Anse Caritan, 05.96.67.07.56

Bien dissimulé au sud du bourg de Sainte-Anne, ce restaurant joue les repaires de pirates en surplomb de la plage de l'Anse Caritan. Belle et grande terrasse couverte garnie de plantes et de meubles en bois. Salade de chèvre chaud, bavette d'aloyau à l'échalote et différents types de burgers (bœuf, poulet, poisson, steak de fromage) s'alignent sur le menu.

La Ronde des Yoles €€€ [82]

plage de la Pointe Marin, 05.96.76.80.30

Très jolie salle, chaleureuse avec son mobilier en bois. Spécialités créoles, grillades et langoustes. Service attentionné. Bon rapport qualité-prix.

Les Tamariniers.

Les Tamariniers €€€ [84]

jeu-mar; 30 rue Abbé-Saffache, 05.96.76.75.62

Tout à côté de l'église, dans une case colorée ouverte sur la rue, se trouve Les Tamariniers, une bonne adresse où vous ne laisserez pas votre chemise. Vous y passerez un agréable moment en dégustant un navarin de langouste aux légumes ou un poisson braisé au four au tamarin.

Ti Jardin €€€ [87]

lun et mer-dim soir seulement;
5 Domaine de Belfond, 05.96.53.17.05, www.facebook.com/tijardin

Resto décontracté tenu par de sympathiques Marseillais d'origine. Grande salle conviviale ouverte sur la rue. Grillades (poissons et viandes), cassolette du pêcheur, ouassous flambés au pastis, bricks, crêpes, pizzas.

Le Coco Neg €€€€ [83]

tlj soir seulement; 4 rue Abbé-Hurard, 06.96.27.93.18

Ce resto-pub propose une délicieuse cuisine créole traditionnelle. La langouste grillée, accompagnée de légumes pays apprêtés à l'ancienne, comblera les amateurs de fruits de mer. Ambiance et accueil chaleureux. Prix un peu élevés toutefois. Il possède un côté bar avec une minuscule piste de danse.

Bars et boîtes de nuit

(voir carte p. 73)

La Dunette [94]

au centre du bourg, 05.96.76.73.90, www.ladunette.com

Il s'agit aussi d'un hôtel et d'un restaurant, mais c'est d'abord po
terrasse en bord de mer, ses

tails et ses animations musicales quelques soirs par semaine que l'établissement est apprécié.

Paille Coco [95]

tlj 11h30 à 21h30; av. Jean-Marie-Tjibaou, 05.96.76.75.43, www.facebook.com/restaurantpaillecoco

En plein cœur du bourg, ce restaurant de cuisine créole jouit d'une si agréable terrasse donnant sur la mer qu'on aime s'y attarder à toute heure du jour devant un ti-punch, une bière ou un cocktail. Quelques tables sont même installées directement sur le sable. Musiciens le vendredi soir.

Logement

(voir carte p. 73)

Non loin de la plage de Sainte-Anne, le Domaine de Belfond regorge de villas et d'appartements qu'il est possible de louer. Malheureusement, le quartier a quelque peu mal vieilli et certaines demeures ont visiblement souffert de négligence. Conséquemment, les prestations s'avèrent irrégulières. Assurez-vous entre autres de la présence de moustiquaires aux fenêtres et/ou au-dessus des lits, indispensables dans les parages. Parmi les agences de location auxquelles on peut s'adresser, mentionnons **Antilles Liberté** [106] *(5 Domaine de Belfond, 05.96.76.99.76, www.antilles-liberte.com)*, qui propose de nombreuses possibilités de locations à la semaine: villas, studios, appartements.

Camping municipal de Sainte-Anne € [107]

plage de la Pointe Marin, 05.96.76.72.79

Ce terrain de camping borde la jolie plage publique de Sainte-Anne. Atmosphère familiale, nombreux restos à proximité, aires de jeux, tous les services sanitaires nécessaires et accès direct à la plage. Quelques tentes, bungalows et chalets équipés aussi en location.

Anoli Lodges Village €€-€€€ [104]

rue Anastase-Pollux, 06.89.44.54.79, www.anoli-village.com

Ce «village» est formé d'une série de maisons qui s'alignent de part et d'autre d'une rue en pente des hauteurs de Sainte-Anne. Il regroupe 21 appartements d'une à trois chambres. Agréable piscine.

Habitation Bellevue €€-€€€ [109]

rue Anastase-Pollux, 05.96.97.29.16 ou 05.96.67.49.80, www.habitationbellevue.fr

Belle résidence perchée sur les hauteurs de Sainte-Anne qui abrite un studio et trois appartements (deux avec une chambre et un avec deux) modernes, bien équipés et entretenus avec zèle. Chacun donne en outre sur une grande terrasse couverte.

Airstream Paradise Resort & Bungalow Park €€€-€€€€ [105]

plage de la Pointe Marin, 05.96.58.45.19, www.airstreamparadise.com

Parc de roulottes Airstream aménagé sur un terrain qui faisait jadis partie du camping municipal de Sainte-Anne. On y trouve une dou-

Grande Anse des Salines.

zaine de ces caravanes chromées au look des années 1950, importées des États-Unis. Chacune, en plus d'être climatisée, présente un niveau de confort étonnant et dispose d'une terrasse ombragée et d'une baignoire à remous. Une curiosité en Martinique!

Club Med Les Boucaniers
€€€€€ tout inclus [108]
Pointe Marin, 05.96.76.72.72, www.clubmed.fr
L'un des clubs les plus réputés du célèbre réseau international. Aménagé à la fin des années 1960, il a été entièrement rénové il n'y a pas très longtemps et se classe résolument aujourd'hui dans la catégorie des clubs de vacances tout-compris haut de gamme.

De retour sur la D9, dirigez-vous vers le sud en direction de la Grande Anse des Salines.

Les Salines et l'extrême Sud-Atlantique

À voir, à faire

(voir carte p. 73)

Grande Anse des Salines ★★★ [19]
Sable fin, eau turquoise, tiède et peu profonde, rangée de cocotiers qui penchent vers la mer: une plage parfaite... Voilà la Grande Anse des Salines, la plus belle des plages de la Martinique, et la plus fréquentée, d'ailleurs. Elle s'étire sur plus de 1 km de sable parfaitement blanc. À un jet de pierre de la plage, un sentier de bois sur pilotis permet l'explo de l'**étang des Salines** [20]

Savane des Pétrifications.

la mangrove qui l'encercle, de même que l'observation de nombreux oiseaux marins.

Savane des Pétrifications ★★ [21]

À proximité du décor idyllique de la Grande Anse des Salines, le spectacle lunaire qu'offre la Savane des Pétrifications a de quoi surprendre. Cette zone désertique, accessible à pied seulement, était autrefois couverte de bois pétrifié par la lave. Il n'y en reste plus un seul morceau aujourd'hui, mais le site mérite tout de même un détour pour le caractère étonnant de son paysage désertique et désolé, unique en Martinique.

De la Grande Anse des Salines, vous pourrez rejoindre à pied plusieurs petites plages, dont certaines sauvages, disséminées ici et là sur près de 20 km et caressées par l'océan Atlantique. La plupart de ces sites sont également accessibles en voiture par de petites routes souvent non revêtues.

Petite Anse des Salines [22] et Anse Meunier [23]

À l'extrémité ouest de la Grande Anse des Salines, un court sentier mène à quelques autres jolies plages tranquilles et peu fréquentées. Vous atteindrez d'abord la Petite Anse des Salines, le rendez-vous des naturistes gays, puis l'Anse Meunier.

Plage de Grande-Terre ★★ [24]

Voisine, côté est, de la Grande Anse des Salines, la plage de Grande-Terre est souvent perçue comme son prolongement. Elle fait face à l'îlet Cabrits et à la Table au Diable, un grand rocher plat formant une petite île. C'est ici que se trouve le point limite entre les eaux de la mer des Caraïbes et de l'océan Atlantique.

Anse Trabaud [25] et Baie des Anglais ★★ [26]

La plage de l'Anse Trabaud s'avère beaucoup moins fréquentée que celle de la Grande Anse des Salines. Elle est pourtant pourvue du même sable blanc et de la même eau transparente. Aucun service n'est toutefois proposé sur place. De l'autre côté de la Pointe Braham se trouve la Baie des Anglais, où se cache une autre jolie petite plage. À partir d'ici, les plages se font plus sauvages, presque désertes, et sont battues par des vents plus forts et des vagues plus violentes. On se rend à l'Anse Trabaud et à la Baie des Anglais à pied depuis la Grande Anse des Salines, ou encore en voiture par un chemin de terre privé *(droit de passage: 2,50€)* assez bien indiqué sur la D9, près du village de Sainte-Anne.

Cap Chevalier ★

Plusieurs petites plages sauvages méritent d'être découvertes dans les environs du Cap Chevalier. Envahies par les algues sargasses et amincies par l'érosion, elles n'ont toutefois plus le charme de jadis. Parmi elles, mentionnons l'**Anse Michel** [27], l'**Anse aux Bois** [28] et la **Pointe aux Pommes** [29]. Le secteur fait tout particulièrement le bonheur des amateurs de planche à voile et de *kitesurf* (surf cerf-volant). De plus, on peut faire une excursion à l'**îlet Chevalier** [30], juste en face. Pour cela, il faut monter à bord du **Taxi Cap** *(adultes 4€, enfants 2€; 05.96.76.93.10 ou 06.96.45.44.60, www.taxi-cap.com)*, près du restaurant Chez Gracieuse. Non loin de là, près du stationnement, une **tour d'observation** [31] en bois permet d'apprécier le paysage. On peut accéder à la région en voiture en prenant la D33 à gauche, peu après Le Marin, en direction de Sainte-Anne. Une route très étroite, indiquée ensuite sur la droite, mène aux plages du Cap Chevalier.

Cap Ferré et Pointe Macré

Si l'on choisit plutôt de poursuivre sur la D33, le chemin de terre qui remplace la route mène à la région du Cap Ferré et de la Pointe Macré (aussi accessible par une autre route plus au nord), lesquels enserrent le Cul-de-Sac Ferré. Encore une autre belle plage de sable blanc attend les vacanciers: un sentier conduit à la plage immaculée de l'**Anse Grosse Roche** ★★ [32], au nord de la Pointe Macré.

Activités *(voir carte p. 73)*

Kayak et excursions en mer

Lagon Évasion [53]

06.96.90.95.74

Excursions en kayak de mer aux fonds blancs et dans la mangrove au départ du Cap Chevalier (plage de l'Anse Michel). Location de *pa*[illegible] *board* (planche à bras) et orga[illegible] tion de randonnées nautiques en bateau, en catamaran et même en pirogue.

Planche à voile

Alizé Fun [52]
06.96.91.71.06,
www.alizefunkitemartinique.com
Location de planches à voile à l'Anse Michel du Cap Chevalier. Également, initiation au *kitesurf* (surf cerf-volant).

Achats *(voir carte p. 73)*

Vêtements

Défilés sur la plage [66]
Les plus belles plages du Sud, notamment celles de Sainte-Anne et des Salines, servent de prétexte au commerce des maillots de bain. En effet, des jeunes femmes y défilent toute la journée pour faire connaître des collections complètes de maillots. Voilà une manière différente de faire des courses. Les prix sont comparables à ceux pratiqués en boutique; ce que les commerçants économisent sur le loyer doit sans doute être réinvesti pour payer les « top modèles »...

Cafés et restos

(voir carte p. 73)

Sissy € [90]
Grande Anse des Salines, 06.96.71.53.66
L'un des restos de plage de la Grande Anse des Salines. Plats simples (accras, poisson grillé, côtes levées), mais bien apprêtés, copieux et servis avec le sourire sous un grand abri des plus agréables.

Anse Michel.

Le Cocotier €€ [89]
Anse Michel, Cap Chevalier, 06.96.19.01.27
Sympathique *snack* qui propose quelques plats simples, savoureux, bien présentés et à prix raisonnable. Sandwichs, salades, dorade grillée, crêpes.

Chez Gracieuse €€€ [88]
sam-jeu midi seulement, ven midi et soir;
Cap Chevalier, 05.96.76.93.10
Chez Gracieuse se cache au fond d'une petite baie du Cap Chevalier. On y sert une bonne cuisine créole traditionnelle dans une maison de bois au charme certain. Service un peu lent. Orchestre le vendredi soir. C'est d'ici que part le **Taxi Cap** (voir p. 95), qui mène à l'îlet Chevalier, juste en face.

4

La côte Sud-Atlantique et les fonds blancs

Entre Le Vauclin et Le Robert, sur la **côte Sud-Atlantique** ★★, c'est l'accès aux fonds blancs, de hauts fonds sablonneux situés au beau milieu de la mer, qui constitue l'attrait principal. D'innombrables excursions, qui permettent du même coup d'explorer quelques-uns des nombreux îlets des environs, sont proposées au départ du François ou du Robert. Au Vauclin, on sera toutefois surpris de voir l'un de ces fonds blancs toucher le rivage.

Aux environs du François, les békés (Blancs créoles) ont établi leur « fief » et célèbrent la tradition du ti-punch sur les fonds blancs. C'est là qu'ils ont construit de nombreuses résidences magnifiques surplombant la mer, accessibles seulement par des chemins volontairement cahoteux destinés à éloigner les intrus. Quelques remarquables hôtels de charme occupent aujourd'hui des propriétés du genre.

Vous découvrirez également, toujours en plein « pays béké », Le Robert et sa magnifique baie, qu'un chapelet d'îlets semble protéger.

La route N6 permet de remonter la côte entre Le Vauclin et Le François. Puis, on peut rejoindre Le Robert par la D1.

Le Vauclin

À voir, à faire

(voir carte p. 99)

Le Vauclin abrite quelque 9 000 personnes dont la principale activ la pêche. Le commerce de dé

La côte Sud-Atlantique et les fonds blancs

À voir, à faire ★

Le Vauclin

1. BY Montagne Vauclin
2. CY Pointe Faula

Le François

3. AX Habitation Clément
4. CW Baignoire de Joséphine

Le Robert

5. AV Église Sainte-Rose-de-Lima
6. AV Place du 22 mai 1848

Activités ✸

Le Vauclin

7. CY Club nautique du Vauclin
8. CX Fleurdo Éco-Excursion
9. CZ Ranch Anse Macabou

Le François

10. BX Les Ballades du Delphis
11. BX Les kayaks des îlets du François
12. BX Marina du François

Le Robert

13. AV Bwa Drésé
14. AV Les Kayaks du Robert
15. AW Marina du Robert
16. AW Ti Canots
17. AW Ty-Domino

Achats ■

Le François

18. AX Carrefour Market
19. AX Librairie antillaise

Le Robert

20. AV Marché

Cafés et restos ●

Le Vauclin

21. CY K'Bana
22. CY Le Titiris
23. CY Le Toucan

Le François

24. BX Kaï Nono

Le Robert

25. AV L'Escale du Robert
26. AW La Voile
27. AV Restaurant de la Yole

Logement ▲

Le Vauclin

28. CY Le Domaine des Bulles

Le François

29. AW Hôtel Plein Soleil
30. BX La Frégate Bleue
31. BW La Maison de l'Îlet Oscar

a
b
c
v
w
x
y
z
Localisation
N
N1
Pointe Rouge
14
Îlet Ramville ou Îlet Chancel
Îlet à Eaux
Îlet Ragot
Îlet aux Rats
Îlet Petite Martinique
5,6
13
20
25,27
Îlet Boisseau
Îlet Madame
Le Robert
Havre du Robert
Sable Blanc
Pointe La Rose
Pointe Champomont
16
15,17
26
29
D1
Pointe Thalémont
Îlet Oscar
4
31
Îlet Thierry
Îlet Lavigne
Îlet Métrente
Baie du François
OCÉAN ATLANTIQUE
10,12
11
Îlet Long
Le François
24
18,19
N6
30
Îlet Frégate
3
D6
Baie du Simon
Pointe Cerisier
D16
D18
8
Pointe Chaudière
N6
Pointe du Vauclin
D6
28
D5
Le Saint-Esprit
1
Montagne Vauclin (504 m)
D5
D18
Le Vauclin
Pointe Faula
2
7
21-23
D17
D5
D32
N8
N6
Petite Anse Macabou
Forêt de Montravail
D18
9
0
1
2km
©ULYSSE

Pointe Faula.

culture de légumes et de fruits (aubergines, melons, pommes de terre, etc.), de même que l'élevage, sont les autres secteurs économiques de cette commune.

Le bourg ne présente que peu d'intérêt touristique. Par contre, la Pointe Faula, juste au sud, constitue un lieu de détente des plus appréciables avec sa petite plage, son club nautique et ses fonds blancs facilement accessibles.

Montagne Vauclin [1]

Il vaut la peine de se rendre au sommet de la montagne Vauclin (504 m), le point le plus élevé du sud de la Martinique. Pour ce faire, vous devez vous engager sur la route D5 vers Saint-Esprit, puis suivre les indications vers la «Coulée d'Or». Un sentier pédestre, qui est en fait un chemin de croix, mène au sommet, près d'une petite chapelle. L'endroit est le théâtre d'un pèlerinage annuel en septembre.

Pointe Faula ★ [2]

Tout juste au sud du village du Vauclin (à moins de 1 km), la petite plage de la Pointe Faula, bordée d'une pelouse ponctuée de grands cocotiers, demeure relativement peu fréquentée, bien qu'elle soit d'une indéniable beauté. La blancheur de son sable, issu de la même formation que les célèbres fonds blancs du François et du Robert, et la faible profondeur de ses eaux devraient pourtant séduire davantage les familles. Autre particularité de l'endroit, les fonds blancs se rendent ici jusqu'au rivage. Il est donc possible de s'avancer dans la mer en marchant dans à peine 1 m d'eau sur une très grande distance. Depuis le bourg, la route du bord de mer est la seule voie qui permette d'atteindre la Pointe Faula.

Activités (voir carte p. 99)

Équitation

Ranch Anse Macabou [9]
Quartier Macabou, 09.74.56.77.41, www.ranch-anse-macabou.com
À environ 4 km au sud du bourg du Vauclin, une petite route en bien mauvais état conduit à l'Anse Macabou et à ce centre équestre qui organise des balades dans les bois et sur la plage.

Kayak de mer

Fleurdo Éco-Excursion [8]
60€; Pointe Chaudière, entre Le Vauclin et Le François, 06.96.50.25.35
Excursions de 5h à bord d'étonnants kayaks biplaces transparents qui facilitent l'observation d'une barrière de corail, des fonds blancs et de la faune et la flore marines.

Planche à voile

Club nautique du Vauclin [7]
05.96.74.50.83, www.clubnautiquevauclin.fr
Situé à la Pointe Faula, le Club nautique du Vauclin constitue un endroit de choix pour la pratique de la planche à voile et du *kitesurf* (surf cerf-volant). On peut louer tout le matériel nécessaire sur place.

Cafés et restos

(voir carte p. 99)

Le Titiris €€ [22]
tlj 10h30 à 16h30; Pointe Faula, 05.96.74.40.01
Bonne cuisine créole dans une jolie cabane de bois près de la plage. Au menu: accras, poissons, colombos, flan coco. Bon rapport qualité/prix.

Le Toucan €€ [23]
jeu-mar midi et soir, mer midi seulement; Pointe Faula, 05.96.74.25.88, www.restaurant-letoucan.com
Restaurant de plage dont le décor coloré attire le regard. Au menu, tartare de saumon, entrecôte, carpaccio de bœuf.

K'Bana €€€ [21]
dim et mar-jeu midi seulement, ven-sam midi et soir; Pointe Faula, 05.96.74.32.08
Autre sympathique resto de plage de la Pointe Faula. Pizzas au feu de bois, brochettes de thon et grillades diverses.

Logement

(voir carte p. 99)

Le Domaine des Bulles €€€€ [28]
ch. rural de Ravine Plate, au nord du bourg du Vauclin, 05.96.74.69.54, www.facebook.com/ledomainedesbulles
Des chambres d'hôtes qui sortent vraiment de l'ordinaire! Quatre unités avec chambres à coucher nichées dans des bulles translucides, chacune entourée d'un splendide aménagement en pleine nature

assure une étonnante intimité. Au-delà de l'aspect inusité des prestations, il faut signaler l'approche écotouristique de l'établissement, son respect de la topographie naturelle notamment. Chacune des bulles dispose d'une baignoire à remous et même, dans le cas de la « bulle Minérale », d'une piscine privée. La « bulle Air », qui renferme deux chambres, peut loger quatre personnes. Accueil chaleureux et attentionné. Petit déjeuner inclus.

Le François

À voir, à faire

(voir carte p. 99)

Entre Le Vauclin et **Le François** ★★, la route longe une côte découpée par de nombreuses pointes qui avancent dans l'océan. Beaucoup de békés, mot qui désigne les Blancs créoles, ont installé leur demeure de vacances dans la région, créant ainsi une sorte de fief de villégiature blanc, tout comme dans le secteur du Robert, plus au nord. Quelques hôtels de charme remarquables se trouvent d'ailleurs dans les environs.

La commune du François est la cinquième en importance de la Martinique par sa population (17 000 hab.). Son nom lui viendrait des quelques Français qui s'établirent dans les parages vers 1620, avant même le début de la colonisation. Le François est par ailleurs connu pour son excellente équipe de yoleurs. Si, par chance, une course de yoles rondes (embarcations à voiles typiques de la Martinique) a lieu lors de votre passage, ne manquez surtout pas d'y assister.

Habitation Clément ★★★ [3]
13€; tlj 9h à 17h30; au sud du bourg par la route de Saint-Esprit (D6), 05.96.54.75.51, http://habitation.fondation-clement.org

Admirable restauration d'une habitation du XVIIIe s. Jusqu'en 1988, on fabriquait ici l'un des plus prestigieux rhums martiniquais (seuls le vieillissement et la mise en bouteille s'y font toujours). L'endroit a d'autre part été rendu célèbre par la rencontre de 1991, durant la guerre du Golfe, des présidents François Mitterrand et George Bush père. Dans le parc de 16 ha qui abrite le domaine, vous découvrirez au long d'une visite audioguidée la superbe maison de maître, classée monument historique, garnie de magnifiques meubles d'époque typiques des compagnies des Indes occidentales et orientales (XVIIIe et XIXe s.). Également à voir : les dépendances (cuisine, écuries), la maison du « géreur » de la plantation et l'ancienne distillerie, devenue un centre d'interprétation du rhum, flanquée des chais de vieillissement où s'empilent les tonneaux de rhum agricole Clément. Le parc en lui-même est magnifique, avec ses 300 espèces végétales répertoriées par l'Office National des Forêts et son impressionnante collection de sculptures monumentales signées par des

Habitation Clément.

artistes antillais (Thierry Alet) et internationaux (Miguel Chevalier, Dale Chihuly, Jeppe Hein). Le site est d'ailleurs un important centre d'art contemporain, parrainé par la Fondation Clément, avec des espaces consacrés aux arts visuels, aménagés dans trois bâtiments, dont deux anciennes cases.

Activités

(voir carte p. 99)

Kayak de mer

Les kayaks des îlets du François [11]
quartier La Monnerot, entre Le François et Le Vauclin, 06.96.77.22.17
Une façon économique d'explorer les îlets du François et les fonds blancs, au rythme qui vous convient. Cette excursion en kayak comprend en effet une portion autonome (supervisée tout de même) au cours de laquelle les participants sont libres de pagayer à leur guise pour découvrir les environs.

Navigation de plaisance et excursions en mer

Les Ballades du Delphis [10]
85€; 06.96.90.90.36, www.catadelphis.com
Découverte des « isles au vent » à bord de catamarans de 15 m. Au programme, journée complète comprenant un arrêt à l'îlet du Loup-Garou, la découverte de l'îlet Chancel et de ses iguanes, un mouillage à l'îlet Madame, un déjeuner créole et la baignade aux fonds blancs.

Marina du François [12]
05.96.54.29.54
La Marina du François est e
tiellement réservée aux bat

Baignoire de Joséphine.

La tradition du ti-punch sur les fonds blancs

Un fond blanc est un haut banc de sable situé entre des récifs où la mer atteint tout au plus 1 m de profondeur. Le plus connu est celui dénommé la **Baignoire de Joséphine** ★★★ [4], situé au large du François, entre les îlets Oscar et Thierry.

Au départ du François ou du Robert, toutes sortes d'excursions permettent de s'adonner à la coutume typiquement béké qui consiste à prendre un verre de rhum (un ti-punch) tout en discutant, les pieds posés sur les fonds blancs et de l'eau jusqu'à la taille. La blancheur du sable, la limpidité extraordinaire de l'eau, la saveur particulière du rhum en pareilles circonstances et le caractère résolument original de cette pratique rendent l'expérience inoubliable.

à moteur des résidents. Un projet d'agrandissement, qui permettrait l'accueil des plaisanciers de passage, est actuellement à l'étude. C'est par ailleurs le point de départ d'innombrables excursions vers les îlets et les fonds blancs.

Achats

(voir carte p. 99)

Alimentation

Carrefour Market [18]
Grande surface à la sortie de la ville, non loin de la N6.

Livres

Librairie antillaise [19]
05.96.54.85.48
Succursale de la chaîne locale de librairies installée dans le centre commercial voisin du Carrefour Market, à la sortie de la ville.

Cafés et restos

(voir carte p. 99)

Kaï Nono €€ [24]
mar-dim; route du Club Nautique, 05.96.54.32.76
Face à la Marina du François, Kaï Nono possède une belle grande terrasse qui peut devenir un point d'observation de choix lorsque se déroulent des courses de yoles rondes. Menu simple de plats créoles: accras, poissons grillés, court-bouillon, fricassée de poulet. Service à la bonne franquette.

Logement

(voir carte p. 99)

La Frégate Bleue €€-€€€€ [30]
quartier Frégate, sur la N6 entre Le Vauclin et Le François, 05.96.54.54.66, www.fregatebleue.com
Maison créole qui surplombe la mer et abrite des suites avec vue à couper le souffle sur les fonds blancs et les îlets Oscar et Thierry. Chacune est pourvue de meubles en acajou et certaines possèdent une mezzanine permettant de loger deux autres personnes. Chambres et studios plus petits dans deux bungalows séparés. Table d'hôte sur réservation.

La Maison de l'Îlet Oscar €€€-€€€€ [31]
Baie du François, 06.96.45.33.30, http://iletoscar.com
Authentique villa créole de quatre chambres, installée sur une «île déserte», dans la quiétude de l'îlet Oscar, au large du François. Au programme: soleil, mer turquoise, fonds blancs, sports nautiques. Pour qui peut se l'offrir, cet hôtel unique en son genre réserve un séjour inoubliable. Le prix inclut le transport par bateau depuis Le François.

Hôtel Plein Soleil €€€€-€€€€€ [29]
Pointe Thalémont, entre Le François et Le Robert, accès par un chemin très cahoteux, 05.96.38.07.77, www.hotelpleinsoleil.fr
Six grandes maisons créoles da[ns] un jardin avec piscine et vue

mer au loin. Un vaste salon commun occupe la plus grande villa, sur la terrasse de laquelle les repas sont servis (table d'hôte; réservation 24h à l'avance). Les cinq autres demeures abritent 16 chambres, dont certaines (Master Pools) sont flanquées d'une piscine privée.

Le Robert

À voir, à faire

(voir carte p. 99)

Cette ville de près de 23 000 habitants donne sur l'une des plus belles baies de la Martinique, le **havre du Robert ★★**, qui fait 8 km de long sur 5 km de large, et dont l'accès est jalonné de plusieurs îlets: l'îlet Ramville ou Chancel, le plus grand du groupe et peut-être de la Martinique tout entière, et sur lequel vit une importante colonie d'iguanes, en plus des îlets Ragot, à l'Eau, Petite Martinique, aux Rats, Petit Piton, Boisseau et Larose, aussi appelé l'îlet Madame.

La création de la paroisse du Robert remonte à 1694 et est le fait de l'illustre père Labat. Dans son *Nouveau voyage aux Îles de l'Amérique*, il décrit ainsi les lieux: «*Ce cul-de-sac est un port naturel des plus beaux qu'on puisse imaginer, capable d'abriter une armée navale quelque nombreuse qu'elle puisse être, si commodément que les plus gros vaisseaux peuvent mouiller en bien des endroits...*»

Îlet Madame.

Vous rejoindrez Le Robert par une petite rue reliant la D1 au centre du bourg.

Église Sainte-Rose-de-Lima [5]

Ce joli sanctuaire bleu et blanc, flanqué de son cimetière tout blanc, mérite un coup d'œil. Il s'élève au cœur du bourg, non loin de la mairie et du marché.

Place du 22 mai 1848 [6]

Vous pourrez flâner quelques instants sur cette agréable place gazonnée du bord de mer, à la hauteur du grand ponton. De là, vous aurez peut-être l'occasion d'observer des yoles rondes en pleine action.

Activités *(voir carte p. 99)*

Kayak de mer

Les Kayaks du Robert [14]
Pointe Rouge, au nord du Robert, 06.96.27.08.68

Location de kayaks. Une agréable façon d'explorer le splendide havre du Robert et ses nombreux îlets.

Navigation de plaisance et excursions en mer

Bwa Drésé [13]
78€ pour la journée; 06.96.26.26.46, www.bwadrese.com

Excursions en catamaran dans le havre du Robert. Départ au ponton du bourg.

Marina du Robert [15]
au sud du bourg, 05.96.65.38.74, http://marinadurobert.fr

Ceux qui possèdent leur propre bateau peuvent s'approvisionner en carburant et en eau à la Marina du Robert. Trente places à quai, dont cinq pour les visiteurs, sont disponibles. On trouve par ailleurs de nombreux sites de mouillage près des îlets qui «gardent» l'entrée de la baie.

Ti Canots [16]
80€ demi-journée, 140€ par jour; Sable Blanc (pointe sud de la baie du Robert), 06.96.01.26.93, www.ticanots.com

Location de petites embarcations à moteur ne nécessitant pas de permis de bateau. Elles sont équipées d'un GPS qui indique la route à suivre pour découvrir les îlets Chancel et Madame, ainsi que les fonds blancs. Gilets de sauvet masques, tubas et téléphone

Église Sainte-Rose-de-Lima.

table font aussi partie de l'équipement fourni.

Ty-Domino [17]

45€ demi-journée, 68€ pour la journée avec repas; Marina du Robert, entre Le Robert et Le François, 05.96.54.17.72 ou 06.96.22.44.29, www.ty-domino.fr

Visites organisées des îlets, de la mangrove, des fonds blancs et de la barrière de corail du havre du Robert à bord d'un bateau à moteur ou d'un catamaran.

Achats (voir carte p. 99)

Alimentation

Marché [20]

Le marché du Robert fait face à l'Hôtel de Ville, tout près de l'église, en plein centre du bourg. Très coloré, il est particulièrement vivant les mardis et vendredis.

Cafés et restos

(voir carte p. 99)

La Voile €€ [26]

lun-mar midi seulement, mer-sam midi et soir; Marina du Robert, 05.96.65.76.16, www.facebook.com/lavoilerestaurantbar

Resto-bar aux allures branchées, installé sous un grand carbet à la Marina du Robert. Accras de morue, tartare de thon, vivaneau grillé et autres grillades figurent au menu. Beau choix de cocktails. Animations occasionnelles en soirée (karaoké, musiciens).

Restaurant de la Yole €€ [27]

53 bd Henri-Auzé

Si vous êtes à la recherche d'un repas sur le pouce, la crêperie-pizzeria La Yole, sur le front de mer, fera votre bonheur. Salade créole, boudin maison, pizzas. C'est aussi un bon endroit où trouver un pêcheur qui vous emmènera à la découverte des îlets du Robert et des fonds blancs. N'hésitez pas à vous informer auprès de votre hôte.

L'Escale du Robert €€€ [25]

mar et jeu-sam midi et soir, dim-lun et mer midi seulement; 41 bd Henri-Auzé, 05.96.51.58.63

Resto de cuisine créole et française disposant d'une coquette salle et d'une terrasse invitante en bordure du front de mer. Menu étonnant: tartare de marlin, cassolette de Saint-Jacques aux asperges, loup des Caraïbes grillé. Présentation des plats soignée. Bons desserts maison.

5

Saint-Pierre et la côte Nord-Caraïbe

Bien différente de la Martinique du Sud, la **côte Nord-Caraïbe** ★★ possède des plages plus sauvages, dont le sable gris, voire noir, témoigne de la présence du volcan de la montagne Pelée, point culminant de l'île (1 397 m), qui emporta 30 000 êtres humains dans sa colère lors de l'éruption qui détruisit entièrement Saint-Pierre en 1902.

Aujourd'hui, Saint-Pierre, « ville d'Art et d'Histoire », cherche à renaître de ses cendres. La visite, bouleversante, des ruines de ses monuments constitue à n'en point douter le fait saillant de la balade que nous vous proposons.

Mais la région a beaucoup plus à offrir. La côte Nord-Caraïbe, c'est aussi Schœlcher et son casino, Le Carbet et sa longue plage, l'Anse Turin, où Paul Gauguin vécut brièvement une étape qui allait influencer son œuvre, les plages sauvages tout au nord et les nombreuses pistes de randonnée en forêt comme en montagne. Porte d'entrée s'ouvrant sur les Pitons du Carbet (entre 1 070 m et 1 196 m), la côte Nord-Caraïbe est aussi le berceau de la Martinique, là où Colomb débarqua en 1502 et où commença la colonisation française à l'arrivée de d'Esnambuc, en 1635. Ses villages sont donc les plus anciens de la Martinique et, par conséquent, possèdent les plus vieilles pierres et les églises les plus vénérables.

La route nationale 2 (N2) longe la côte Nord-Caraïbe depuis Fort-de-France jusqu'à Saint-Pierre. Par la suite, la route départementale 10 (D10) prend le relais jusqu'au Prêcheur, et même au-delà, puisqu'elle permet également d'atteindre quelques plages sauvages encore plus au nord.

Saint-Pierre et la côte Nord-Caraïbe

À voir, à faire

Schœlcher
1. CZ Monument à Schœlcher
2. CZ Palais des Congrès de Madiana
3. CZ Plage de l'Hôtel La Batelière
4. CZ Anse Madame
5. CZ Lido à l'Anse Collat
6. CZ Plage Madiana

Case-Pilote
7. BY Église Notre-Dame-de-l'Assomption-et-Saint-Joseph
8. BY Place Gaston Monnerville

Bellefontaine
9. BY Maison-bateau Le Torgiléo

Le Carbet
10. BY Distillerie Neisson
11. AY La plage du Coin
12. AY Plage de la Grande Anse
13. AX Anse Turin
14. AX Centre d'Interprétation du Patrimoine Paul Gauguin
15. AX Zoo de Martinique-Habitation Latouche

Le Prêcheur
16. AW Église du Prêcheur et « bourdon royal »
17. AV Anse Céron
18. AV Habitation Céron
19. AV Anse Couleuvre
20. AV Anse Lévrier
21. AV Anse à Voile

Activités

Schœlcher
22. CZ Cercle nautique de Schœlcher
23. CZ Club de Plongée La Batelière

Case-Pilote
24. BY Club Subaquatique de Case-Pilote

Le Carbet
25. BX Canal de Beauregard

Le Prêcheur
26. AW Du Prêcheur à Grand'Rivière
27. AW La montagne Pelée par Grande Savane

Achats

Le Carbet
28. AX Carrefour Express
29. AY Tchèk Sa

Cafés et restos

Schœlcher
30. CZ Le Deck

Case-Pilote
31. BZ L'Ajoupa2gros

Le Carbet
32. AX Le 1643
33. AY Le Petibonum
34. AX Les Arômes
35. AX Resto Beach Grill
36. AX Yemanja
37. AX Ziouka Glaces

Le Prêcheur
38. AW Lari Z'abime

Bars et boîtes de nuit

Schœlcher
39. CZ Le Casino Batelière-Plazza
40. CZ Lili's Beach Bar

Le Carbet
41. AX Wahou Café

Culture et divertissement

Schœlcher
42. CZ Madiana

Logement

Schœlcher
43. CZ Hôtel La Batelière

Le Carbet
44. AX Hôtel de l'Anse
45. AX Résidence Madi-Créoles

a
b
c
v
w
x
y
z
N
Grand'Rivière
D10
Macouba
Basse-Pointe
N1
Cap Saint-Martin
21
20
19
Anse Céron
17,18
26
27
Montagne Pelée (1397 m)
Le Lorrain
L'Ajoupa-Bouillon
N3
Le Prêcheur
16
38
D10
Le Morne Rouge
Morne Jacob (884 m)
N2
Route de la Trace
Voir l'agrandissement sur la page couverture intérieure avant
D1
Fonds-Saint-Denis
Saint-Pierre
D1
13-15
32
44,45
N2
Anse Turin
25
Pitons du Carbet (1070 m à 1196 m)
28
34-37
41
Le Carbet
Le Morne-Vert
D20
12
10
D19
D20
N3
11
29
33
Bellefontaine
9
Localisation
7,8
24
Case-Pilote
31
4,5
22
N2
1,2,6
30
42
Schœlcher
Fort-de-France
3
23
39,40
43
Mer des Caraïbes
0
2,5
5km
©ULYSSE

Plage Madiana.

Schœlcher

À voir, à faire

(voir carte p. 111)

Schœlcher constitue en fait une sorte de banlieue de Fort-de-France, un prolongement du chef-lieu, si bien que vous ne vous rendrez probablement pas compte du moment précis où vous franchirez la limite entre ces deux villes. C'est d'autant plus étonnant que Schœlcher figure parmi les plus importantes localités de la Martinique en matière de population (quelque 20 000 habitants). Son nom lui vient de Victor Schœlcher (1804-1893), l'illustre député de la Martinique et de la Guadeloupe qui lutta farouchement en faveur de l'abolition de l'esclavage, finalement obtenue le 27 avril 1848.

Monument à Schœlcher [1]

À l'entrée du bourg, vous remarquerez cette œuvre de Marie-Thérèse Lung-Fou, qui, en hommage au grand abolitionniste, le montre brisant les chaînes d'un esclave et reprend ses paroles célèbres: « Nulle terre française ne peut plus porter d'esclave. »

Palais des Congrès de Madiana [2]

Équipement majeur implanté à Schœlcher, le Palais des Congrès de Madiana comporte, outre des salles de conférences et d'exposition, un complexe cinématographique d'une dizaine de salles, des restaurants et une salle de spectacle.

Plages

Plusieurs petites anses sablonneuses sont incontournables le long du littoral de Schœlcher, dont la **plage de l'Hôtel La Batelière** [3] et son club de plongée, l'**Anse Madame** [4], où se trouve le Cercle nautique de Schœlcher, la plage **Lido à l'Anse Collat** [5], de plus en plus fréquentée, et la plage **Madiana** [6], au sable noir.

Activités *(voir carte p. 111)*

Planche à voile

Cercle nautique de Schœlcher [22]
Anse Madame, 05.96.61.20.83, www.cnschoelcher.net
Pour la location de planches à voile, c'est à l'Anse Madame de Schœlcher que l'on se donne rendez-vous, là où se trouve le plus important club nautique de la Martinique. Possibilité de louer dériveurs, kayaks, avirons, catamarans et planches à rame (*stand-up paddles*) également.

Plongée

Club de Plongée La Batelière [23]
Hôtel La Batelière, 05.96.61.65.57, www.facebook.com/plongeebatelieremartinique
Ce club installé sur la plage de l'Hôtel La Batelière organise des excursions tout au long de la côte Caraïbe.

Cafés et restos

(voir carte p. 111)

Le Deck €€€ [30]
Palais des Congrès de Madiana, 05.96.72.15.30, http://le-deck-restaurant.restaurantmartinique.net
Resto au décor contemporain épuré, à l'intérieur des murs du Palais des Congrès, qui dispose également d'une terrasse tout aussi design. Au menu, spécialités alsaciennes (flammes, choucroutes), grillades, crêpes et salades, que l'on peut accompagner d'une des bières, blonde, brune, ambrée ou blanche, brassées sur place. Pratique pour terminer en beauté la sortie au cinéma voisin.

Bars et boîtes de nuit

(voir carte p. 111)

Le Casino Batelière-Plazza [39]
dim-jeu 10h à 3h, ven-sam 10h à 4h pour machines à sous, dès 20h pour salles de jeux; tenue vestimentaire soignée exigée; 17 rue des Alizés, 05.96.61.73.23, www.casinobateliereplazza.com
Ce casino est installé à 200 m de l'Hôtel La Batelière. On y trouve 125 machines à sous, ainsi que des tables de roulette, de black jack et de poker.

Lili's Beach Bar [40]
tlj dès 10h30; plage de l'Hôtel La Batelière, 05.96.42.89.02, https://lilisbeach.com
Un bar de plage assez chic qu'abrite une grande paillote, où l'on peut siroter un cocktail en étant confortablement installé sur une chaise longue. Musiciens le soir à l'occasion. L'établissement est aussi un restau[rant] (salades, hamburgers, poisso[ns], [bro]chettes).

Église Notre-Dame-de-l'Assomption-et-Saint-Joseph.

Culture et divertissement

(voir carte p. 111)

Madiana [42]
Palais des Congrès de Madiana,
www.madiana.com
Seul complexe cinématographique (10 salles) de la Martinique, Madiana est très fréquenté. Présentez-vous bien avant l'heure de la séance pour vous assurer d'obtenir des places.

Logement

(voir carte p. 111)

Hôtel La Batelière €€€€ [43]
20 rue des Alizés, 05.96.61.49.49,
www.la-bateliere.com
Établissement de 195 chambres qui comprend un centre de conditionnement physique avec vue sur la mer, un salon de massage thaï, deux restaurants, un bar, une galerie d'art, un club de plongée... Donnant sur la mer, il dispose aussi d'une splendide piscine surplombant une fort jolie petite plage. Premier hôtel de luxe construit en Martinique, il mériterait une cure de rajeunissement, ses chambres et espaces communs montrant des signes de fatigue.

Case-Pilote

À voir, à faire

(voir carte p. 111)

Case-Pilote est l'un des plus vieux bourgs de la Martinique, une église y ayant été élevée entre 1640 et 1645. On raconte qu'un chef caraïbe surnommé Pilote, particulièrement accueillant envers les colonisateurs français, possédait un refuge dans les environs, d'où le nom donné au site. En 1635, il aurait accepté de céder aux Français toutes ses possessions dans la région en échange d'autres terres situées dans le sud de l'île. La commune compte aujourd'hui quelque 4 500 habitants qui vivent surtout de la culture potagère, de la pêche et de la transformation du poisson. Elle est reliée à Fort-de-France par navettes maritimes du lundi au samedi.

Église Notre-Dame-de-l'Assomption-et-Saint-Joseph ★ [7]

Cette église construite au XVIIIe s. (1776) est la plus vieille de l'île avec celle de Macouba. De style baroque, classée monument historique en 1979, elle présente une remarquable façade, dont le fronton est orné de la coquille des pèlerins de Compostelle, l'emblème des Dominicains. À l'intérieur, un tableau datant du XVIIe s. évoque la Sainte Famille, avec un ange qui tient une couronne d'épines au-dessus de la tête de la Vierge Marie. On y voit aussi une étonnante mosaïque représentant le baptême du Christ, constituée de morceaux de vaisselle brûlée lors de l'éruption de la montagne Pelée.

Place Gaston Monnerville ★ [8]

Aux abords de l'église, vous remarquerez le cimetière et, tout près, cette place entourée d'édifices (dont la jolie mairie) et de maisons de bois, où s'élève une belle fontaine de céramique et de bronze.

Activités

(voir carte p. 111)

Plongée

Club Subaquatique de Case-Pilote [24]

port de pêche de Case-Pilote, 05.96.78.73.75, www.cscp-plongee.com

Club associatif qui pratique des prix avantageux. Plongées proposées principalement le long de la côte Nord-Caraïbe.

Cafés et restos

(voir carte p. 111)

L'Ajoupa2gros €€€-€€€€ [31]

mar-sam midi et soir, dim-lun midi seulement; Fond Bellemare, Case-Pilote, 05.96.61.60.34

Table gastronomique sur une élégante terrasse et formule bistronomique sur une autre plus petite, très coquette et abritée par une *ajoupa* au bord de la mer. Cuisine française teintée d'exotisme : billes de foie gras au Gwo Kako, mi-cuit de thon beurre blanc Mandja, raviole d'écrevisses, nage de gambas à la créole, mousse de mangue en coque d[e] chocolat et fraises «péyi»... P[rése]ntation des plats très soigné[e]

Bellefontaine.

Bellefontaine

À voir, à faire

(voir carte p. 111)

Le prochain village, nommé Bellefontaine, ne fut érigé en commune qu'en 1950. Il s'agit d'un modeste, mais charmant bourg de pêcheurs d'environ 1 600 habitants. Avant d'y entrer, à la hauteur de la rivière Fonds-Laillet, notez la présence imposante de la centrale EDF (Électricité de France), en exploitation depuis 1984.

Maison-bateau Le Torgiléo [9]
Vous serez tout d'abord surpris de voir apparaître au-dessus du village, à flanc de colline, ce bâtiment en forme de bateau. Il s'agit d'un ancien hôtel-restaurant, dont l'extravagante structure date de 1948. Puis, ce sont les gommiers multicolores des pêcheurs reposant sur un sable très noir qui vous séduiront.

Un peu passé Bellefontaine, la route D19 permet de se diriger vers Le Morne-Vert.

Le Morne-Vert

À voir, à faire

(voir carte p. 111)

Ce petit bourg sympathique est perché à quelque 450 m d'altitude. En optant pour ce détour plutôt que de filer en droite ligne vers Le Carbet, vous découvrirez une région que l'on surnomme « la petite Suisse » en raison de son décor verdoyant et montagneux ainsi que de son cli-

Paul Gauguin et la Martinique

Né à Paris en 1848, le peintre chef de file postimpressionniste Paul Gauguin a voyagé toute sa vie... et c'est d'ailleurs dans les lointaines îles Marquises qu'il s'est éteint en 1903.

En 1887, il quitte l'Europe à destination du Panamá avec son ami peintre Charles Laval. Les choses tournent mal et ils doivent bientôt travailler à la construction du canal de Panamá pour assurer péniblement leur subsistance. Victimes de dysenterie et de fièvre, ils s'enfuient littéralement et aboutissent à Saint-Pierre. Ils s'installent alors dans une modeste case de l'Anse Turin, de juin à novembre 1887.

Certains historiens de l'art prétendent que ce bref séjour en Martinique s'avéra déterminant dans la carrière du peintre. C'est là qu'il réalisa ses premières fresques tropicales, avant même son importante période de Tahiti. Les œuvres connues de la «période martiniquaise» de Gauguin (une douzaine) sont aujourd'hui éparpillées dans des musées ou dans des collections privées aux quatre coins du monde.

Le très beau roman *Le barbare enchanté*, de Raphaël Confiant (Éditions Écriture, 2003), propose une évocation convaincante de ce qu'a pu être la vie de Gauguin lors de son passage en Martinique.

Quant au musée qui lui était consacré à l'Anse Turin, il est devenu le **Centre d'Interprétation du Patrimoine Paul Gauguin** en 2017, après une longue rénovation entreprise en 2011. L'Association martiniquaise Paul Gauguin travailla alors à la modernisation du lieu et à sa transformation en un espace ludique et interactif.

mat frais et sec. Partout, vous dénicherez des points de vue tous plus spectaculaires les uns que les autres sur les Pitons du Carbet et la montagne Pelée.

Après votre visite en «Suisse antillaise», revenez par la D20 en di- tion du Carbet, que vous at- la hauteur de la plage de l. Anse.

Le Carbet

À voir, à faire

(voir carte p. 111)

Le mot «carbet», d'origine caraïbe, désignait la plus grande case du village, là où se tenaient les assemblées. Parce que de nombreux Caraïbes habitaient dans les environs, l'endroit fut baptisé **Le Carbet** ★★. La légende veut que Christophe Colomb ait «découvert» la Martinique lorsqu'il débarqua ici le 15 juin 1502. Belain d'Esnambuc y posa à son tour le pied en 1635, et Le Carbet devint une paroisse dès 1645, ce qui en fait l'une des plus anciennes de l'île. D'ailleurs, le premier gouverneur de la Martinique, Jacques du Parquet, s'y est établi peu après son arrivée.

Ce passé glorieux a contribué à faire du Carbet d'aujourd'hui un bourg animé qui attire bon nombre de visiteurs tout aussi intéressés par l'histoire et le patrimoine martiniquais que par les belles plages qui, du lieu-dit Le Coin jusqu'à l'Anse Latouche, s'étendent sur environ 3 km.

Distillerie Neisson ★ [10]

visite et dégustation gratuites; lun-ven 8h à 17h, sam 8h30 à 12h, dim 9h à 12h; 05.96.78.03.70, www.neisson.fr

Au sud du bourg, on ne peut manquer l'entrée qui donne accès à la route de gravier menant à cette distillerie fondée en 1931, l'une des plus réputées de la Martinique, toujours propriété de la famille Neisson. Visite libre des installations de production des rhums Neisson à l'aide d'un dépliant explicatif.

La plage du Coin ★ [11]

Cette plage de sable gris, relativement peu fréquentée comparativement aux plages du Sud, s'étend sur environ 1 km à l'entrée sud du Carbet.

Plage de la Grande Anse ★ [12]

Prolongement de la plage du Coin, à la hauteur du bourg, desservie par plusieurs restaurants et d'où un long ponton s'avance dans la mer.

Anse Turin ★★ [13]

La portion de plage qui remporte la palme au Carbet est l'Anse Turin, qui, dit-on, séduisit le peintre Gauguin (voir l'encadré). Il s'agit d'une longue bande de sable gris, très fréquentée par les familles martiniquaises, entre le bourg du Carbet et Saint-Pierre.

Centre d'Interprétation du Patrimoine Paul Gauguin ★ [14]

8€, visite guidée 10€; mar-sam 9h30 à 17h, dim 9h30 à 15h; Anse Turin, quartier Beauregard, 06.96.80.80.96, www.paulgauguinmartinique.fr

Rouvert après plusieurs années sous l'impulsion de l'Association martiniquaise Paul Gauguin, ce centre d'interprétation rend compte du passage des peintres Paul Gauguin et Charles Laval en Martinique en 1887 (voir l'en-

Zoo de Martinique-Habitation Latouche.

cadré p. 117). On n'y trouve aucun tableau original, mais plutôt une exploration ludique de l'univers artistique de Gauguin: reproduction de la case dans laquelle auraient séjourné les deux peintres, nombreux panneaux très instructifs et expédition dans les paysages martiniquais qui ont inspiré Gauguin au moyen d'un casque de réalité virtuelle.

Zoo de Martinique-Habitation Latouche ★★ [15]

adultes 16,50€, enfants 9€; billet combiné avec le Jardin de Balata adultes 28,50€, enfants 15€; tlj 9h à 18h (dernières admissions à 16h30); Anse Latouche, 05.96.52.76.08, www.zoodemartinique.com

Sur les ruines d'un domaine du XVIIe s., Jean-Philippe Thoze, à qui l'on doit aussi le splendide **Jardin de Balata** (voir p. 137), a aménagé un magnifique parc botanique, doublé depuis 2014 d'un jardin zoologique abritant une centaine d'espèces animales provenant des Antilles, d'Amérique centrale et d'Amérique du Sud. On découvre le site en suivant un parcours émaillé d'habitats reconstitués, d'une serre aux papillons, d'une volière, de jardins et de vestiges de l'Habitation Anse Latouche, fondée aux alentours de 1643, ce qui en fait probablement la plus ancienne à avoir vu le jour en Martinique. Elle fut détruite en 1902 lors de l'éruption de la montagne Pelée. Parmi les vestiges de son âge d'or, notons tout particulièrement la distillerie, le barrage datant de 17[illegible] l'aqueduc et la fontaine qu[illegible] jadis le jardin français e[illegible] demeure principale. Il[illegible] ici de l'habitation t[illegible] lais du terme: l'ens[illegible]

Canal de Beauregard.

maient une plantation, la maison du maître, les diverses dépendances, les jardins et les cases des esclaves ou des ouvriers. Une exposition sur la piraterie et une boutique complètent la visite.

Activités *(voir carte p. 111)*

Plongée

Quelques sites de plongée particulièrement intéressants sont incontournables dans les environs du Carbet. C'est le cas notamment du Cap Enragé, où grouille une faune colorée dans un joli jardin corallien. Entre Saint-Pierre et l'Anse Turin, mentionnons également l'épave du rois-mâts *L'Amélie*, relativement ile d'accès puisqu'elle repose à dizaine de mètres de profon-

Randonnée pédestre

Canal de Beauregard [25]

Au départ du centre du bourg du Carbet, la route D62 mène en direction du canal de Beauregard, aussi connu sous le nom de « canal des Esclaves » (suivre les indications vers Bout-Bois). Il s'agit d'une promenade unique en son genre en bordure d'un ancien canal d'irrigation, qui mène jusqu'à Fonds-Saint-Denis. Cette randonnée de 4 km (comptez de 1h30 à 2h, aller seulement) peut être considérée comme facile, bien que la bordure où le sentier est aménagé ne fasse pas plus de 30 cm de large par endroits, avec des à-pics de 50 m à 130 m. Ainsi, les personnes sujettes au vertige ou accompagnées de jeunes enfants devraient-elles s'abstenir. Accès interdit par temps de pluie.

Plage de Tartane.

sud, puis bifurquer vers la gauche sur la D2.

Tartane et la Réserve naturelle de la Caravelle

À voir, à faire

(voir carte p. 151)

L'univers tout à fait unique de la presqu'île de la Caravelle se compose d'un paysage à couper le souffle de falaises abruptes plongeant dans une mer émeraude et de petites plages tranquilles. Peu après l'entrée de la presqu'île, une halte routière, sur la gauche, permet d'ailleurs de jeter un coup d'œil sur ce paysage unique, au-delà d'un champ de canne à sucre.

Plage de Tartane ★ [5]
Cette délicieuse plage s'étire sur presque toute la longueur du village. La qualité de l'eau est quelquefois discutable à la hauteur du hameau; dirigerez-vous plutôt vers l'extrémité est de la plage, là où elle prend le nom de la Brèche et où la limpidité de la mer ne fait plus aucun doute.

Plage de la Brèche ★ [6]
Voilà une toute petite plage qui plaira à ceux qui recherchent un coin tranquille. Située entre la plage de Tartane et la populaire Anse l'Étang.

Anse l'Étang ★★ [7]
Au-delà de la grande pointe qui marque l'extrémité est de la baie de Tartane, la route grimpe sur les

Ruines du Château Dubuc.

hauteurs, offrant bientôt une vue en plongée exceptionnelle sur l'Anse l'Étang. Vous aurez alors le loisir de descendre vers la mer et de découvrir une autre adorable plage, bordée de raisiniers et baignée par une eau turquoise.

Anse Bonneville ★ [8]

Plus loin encore, l'Anse Bonneville se cache pudiquement derrière les arbres. Les adeptes du surf ont adopté cette petite plage isolée.

Réserve naturelle de la Caravelle ★★ [9]

www.pnr-martinique.com

L'extrémité est de la presqu'île de la Caravelle, d'une superficie de 387 ha, a été convertie en réserve naturelle en 1976. Elle est gérée par le Parc Naturel Régional de la Martinique (PNRM), qui en assure la protection et la mise en valeur. Quelques sentiers de randonnée permettent l'exploration du parc (voir plus loin).

Ruines du Château Dubuc ★★ [10]

5€; tlj 9h à 16h30; 05.96.58.09.00, www.pnr-martinique.com

La route D2 se terminant aux portes de la Réserve naturelle de la Caravelle, c'est à pied que vous devrez poursuivre votre excursion jusqu'aux ruines du Château Dubuc, au centre d'une immense propriété que la famille Dubuc de Rivery a aménagée au XVIIIe s. (voir encadré). Vous pouvez aujourd'hui vous balader parmi les vestiges de cette époque, comprenant l'habitation principale, les cachots, dont certains étaient réservés aux esclaves, le moulin à bœufs et le four à chaux. Un petit musée présente les objets mis au jour lors de fouilles archéologiques récentes.

Activités (voir carte p. 151)

Randonnée pédestre

Deux sentiers bien balisés et faciles à repérer permettent l'exploration de la Réserve naturelle de la Caravelle. Le point de départ de ces deux balades se trouve au terrain de stationnement, peu après l'entrée du parc, non loin du Château Dubuc. Veillez à apporter des réserves d'eau et à vous munir d'un chapeau, car l'ombre se fait rare sur une bonne partie du parcours.

Le Petit sentier [13]

balises blanche et jaune

Boucle facile de 1,7 km que l'on peut faire en une heure et demie pour découvrir la flore particulière de la mangrove, composée principalement de palétuviers. Des passerelles de bois rendent cette excursion accessible à tous (sans risque de se mouiller).

Le Grand sentier [12]

balises blanche et bleue

Suit d'abord le Petit sentier avant de s'en éloigner en direction du bout de la presqu'île. Cette piste court à travers la forêt sèche, la savane et la mangrove. Elle vous réserve aussi des points de vue inoubliables aux abords des côtes aux falaises déchiquetées. Comptez environ 4h pour boucler cette boucle de 8 km qu'on peut considérer comme facile à parcourir.

La turbulente famille Dubuc de Rivery

Au XVIIIe s., la famille Dubuc de Rivery possédait la quasi-totalité de la presqu'île de la Caravelle. En plus d'y cultiver la canne à sucre, les Dubuc utilisaient leurs «talents» de commerçants et profitaient de leur isolement pour œuvrer dans d'autres secteurs, comme la contrebande de marchandises et d'esclaves avec les Antilles britanniques.

Une légende persistante, bien que réfutée par les historiens, raconte que l'un des membres de cette turbulente famille, la jolie Aimée Dubuc de Rivery, fut kidnappée en pleine mer et vendue aux Turcs. Elle devint ensuite la favorite du sultan de Constantinople, à qui elle donna un fils: Mahmoud II.

Surf

École de surf Bliss [11]

mar-dim 9h à 12h et 14h à 17h;
Anse Bonneville, 05.96.58.00.96,
www.surf-martinique.com

Cours collectif à 35€ la séance d'une heure et demie; 100€ pour une séance particulière de même durée. Également, location de planches de surf *(10€/1h30, 15€/demi-journée, 25€/journée).*

Cocoa Beach Café.

Achats (voir carte p. 151)

Alimentation

Ti'Kafé [17]
06.96.79.13.33, www.tikafe.fr
Atelier de torréfaction artisanale installé dans l'ancienne distillerie Hardy, face à la plage de la Brèche. Sélection de cafés martiniquais ou venu d'ailleurs pour emporter ou consommer sur place.

Cafés et restos

(voir carte p. 151)

Ti-Carbet €€ [21]
plage de la Brèche, 06.96.27.17.01
Halte économique aménagée près du stationnement de la plage de la Brèche. Accras de morue, poisson grillé et banane flambée constituent ici un repas type. Accueil très sympathique.

Le Phare €€€ [19]
mar-sam midi et soir, dim midi seulement; 05.96.58.08.48, www.le-phare-restaurant-martinique.fr
Situé tout juste à l'entrée de la Réserve naturelle de la Caravelle, le restaurant Le Phare propose ses spécialités de fruits de mer. Le tartare de thon, la poêlée de Saint-Jacques au blanc de poireau ou la blanquette de mérou sont servis dans le décor tout simple d'une salle meublée de tables et de chaises en bois. Il est également possible de s'installer sur la terrasse. Accueil souriant.

Le Ratelot €€€ [20]
ven-mer; plage de l'Anse L'Étang, 05.96.63.26.11
Restaurant de cuisine française de bonne qualité qui donne sur la belle plage de l'Anse l'Étang. Tourte lorraine, truite aux amandes, magret de canard aux myrtilles. Accueil souriant.

La Table de Mamy Nounou €€€€ [18]
mer-lun; hôtel La Caravelle, 05.96.58.07.32
Surplombant l'Anse l'Étang, ce restaurant est considéré avec raison comme la meilleure table de la presqu'île. Cuisine créole et française élaborée et créative: rôti de lotte aux cèpes, pot de crème juste prise à la langouste, poêlée de Saint-Jacques, papillote de loup aux oursins, magrets à l'ananas... Menu

plus léger le midi (salades, poissons grillés), alors que l'on s'installe sur la terrasse pour goûter à la vue splendide. Dans l'hôtel La Caravelle, qui loue une dizaine de chambres *(€€)*, dont plusieurs s'ouvrent sur une grande galerie à l'arrière de laquelle la vue est magnifique.

Bars et boîtes de nuit

(voir carte p. 151)

Cocoa Beach Café [22]
mer-sam 12h à 23h, dim 12h à 16h;
plage de l'Anse l'Étang, 06.96.38.31.03

Resto-bar branché et décontracté situé à côté du restaurant Le Ratelot (voir précédemment). Élégante terrasse couverte avec grandes tables, banquettes de type box et même balançoires et hamacs. Vaste choix de cocktails avec ou sans alcool. Côté restaurant, menu original où *bò bún*, nems et poulet à la balinaise côtoient les traditionnels hamburgers, mais service approximatif.

Logement

(voir carte p. 151)

Caribou Beach €€ [24]
Anse l'Étang, 05.96.58.09.40,
www.cariboubeach.fr

À deux pas de la mer, le Caribou propose l'étrange spectacle de ses rangées de bungalows aux toits pointus. Pour les familles, ce « village » représente néanmoins une solution de rechange intéressante aux grands centres de vacances du Sud. Avantageux tarifs à la semaine.

Le Manguier €€€ [26]
Lot Morne Pavillon, 05.96.58.48.95,
www.hotel-martinique-le-manguier.com

L'une des adresses sympathiques de Tartane, sur les hauteurs du Morne Pavillon. Cet établissement dispose d'une vingtaine de studios aménagés dans de resplendissants pavillons bleu et blanc. Au milieu d'un jardin de plantes exotiques, une petite piscine complète le décor.

Résidence Océane €€€ [27]
Anse Bonneville, 05.96.58.73.73,
www.residenceoceane.com

Établissement de 25 chambres pour deux ou quatre personnes, aménagées dans de jolies maisons créoles en bois, avec grand balcon équipé d'une cuisinette, accrochées à flanc de colline au-dessus de l'Anse Bonneville. Non loin de la Réserve naturelle de la Caravelle. Vue à couper le souffle sur la baie.

French Coco €€€€€ [25]
33 La Distillerie, Tartane, 05.96.38.10.10,
www.hotelfrenchcoco.com/fr

Hôtel-boutique haut de gamme tout récent (2016) installé dans un environnement luxuriant au-dessus des ruines de la distillerie Hardy, non loin de la plage de la Brèche (600 m). Il propose 17 suites spacieuses et élégantes, dont 16 donnent sur une agréable terrasse en bois avec mini-piscine. Piscine commune, plus grande, aussi présente.

8

La côte Nord-Atlantique

Ce circuit vous propose de remonter la **côte Nord-Atlantique** ★, de Sainte-Marie jusqu'à Grand'Rivière, en passant par des bourgs vivants et en savourant des points de vue saisissants sur cette mer qui se fait de plus en plus féroce.

Cette région, jadis appelée la Cabesterre, porte en elle les traces de la guerre, la dernière à laquelle prirent part les Caraïbes. C'était vers 1660, alors que les colons français décidèrent de conquérir ces terres qui leur échappaient encore. Le raid sur la Cabesterre, parti de Saint-Pierre, devint une sorte de course à l'établissement de paroisses entre les ordres missionnaires présents en Martinique. Les Dominicains, qui accompagnèrent les milices ayant choisi d'attaquer par l'intérieur, devancèrent les Jésuites, mal servis par la stratégie de leurs «alliés» d'envahir le territoire en passant par la mer. La règle était fort simple: premiers arrivés, premiers servis. Ainsi, les Dominicains héritèrent-ils de toute la côte Nord-Atlantique, qu'ils s'employèrent à développer.

Cette zone historique jouit d'une longue tradition agricole. Les habitations sucrières, qui y rivalisaient autrefois les unes avec les autres, sont aujourd'hui supplantées par les plantations de bananes et d'ananas. Notre circuit longe cette côte aux paysages superbes, mais peu hospitaliers. Ici, des vagues puissantes balaient constamment les plages, si bien que ce ne sera pas pour le plaisir de la baignade que vous vous rendrez jusque-là.

Au départ de Fort-de-France, la route nationale 4 (N4) permet de

Tombolo de l'Îlet Sainte-Marie.

rejoindre La Trinité. Puis, la N1 longe la côte Nord-Atlantique.

Sainte-Marie

À voir, à faire

(voir carte p. 161)

Il règne une activité constante dans cet imposant bourg (17 000 hab.). Ce centre agricole (canne à sucre, fruits, légumes) est le plus important et le plus prospère du nord de la Martinique. Les gens de la commune de **Sainte-Marie** ★★ vivent aussi de l'élevage de bovins et de la transformation alimentaire. Fondée en 1658, Sainte-Marie est la plus ancienne paroisse de la côte Nord-Atlantique. Aujourd'hui, une grande église bleue domine gracieusement la silhouette du bourg.

Îlet Sainte-Marie ★ [1]

Cet îlet fait face au bourg, auquel il est relié durant la saison sèche par un tombolo, soit un corridor de sable formé par le courant. De janvier à avril, une période qui peut toutefois varier d'une année à l'autre, il est ainsi possible d'aller explorer l'îlet à pied et de se rendre jusqu'à la croix qui le coiffe. De là, la vue sur le village et son front de mer se révèle intéressante.

Anse Azérot ★★ [2]

La plage de l'Anse Azérot, située au sud du bourg, est la dernière où il est encore possible de se baigner sur la côte Nord-Atlantique. Plus loin vers le nord, la mer semble perpétuelle-

La côte Nord-Atlantique

À voir, à faire

Sainte-Marie
1. EY Îlet Sainte-Marie
2. EZ Anse Azérot
3. EY Distillerie Saint-James/ Musée du Rhum
4. EZ Musée de la Banane
5. EZ Le train des plantations

Morne des Esses
6. DZ La Vannerie du Morne des Esses

Le Marigot
7. DY Baie de Fond d'Or

Le Lorrain
8. CX Monument aux morts

Basse-Pointe et Macouba
9. BX Distillerie J.M

Grand'Rivière
10. AX Digue

Activités

Basse-Pointe et Macouba
11. BX Cap Loisirs Martinique – Randonnée Buggy

Grand'Rivière
12. AX De Grand'Rivière au Prêcheur
13. AX Montagne Pelée par Grand'Rivière

Achats

Le Lorrain
14. CY Moulin Jouan

Cafés et restos

Sainte-Marie
15. DY Le Point de vue
16. EY Le Saint-James
17. EZ Ti Punch Coco

Morne des Esses
18. DZ Le Colibri Parfumé

Le Marigot
19. DY Le Ghetto
20. DY Le Koud'Pouss

Basse-Pointe et Macouba
21. BX Le Petit Palais, Chez Valence

Grand'Rivière
22. AX Chez Tante Arlette
23. AX Floup-Floup
24. AX Le Grill Riverain

Logement

Morne des Esses
25. EZ Les Z'Amandines

Grand'Rivière
Macouba
D10
21
Basse-Pointe
10
22-24
12
9
13
11
N1
OCÉAN ATLANTIQUE
Localisation
N
8
Pointe
Châteaugué
Le Lorrain
Le Marigot
7
14
19
L'Ajoupa-Bouillon
N1
20
Anse Charpentier
15
Pointe Ténos
Montagne Pelée
(1397 m)
N3
24
1
3
16
Sainte-Marie
D15
5
4
2
17
Le Morne-Rouge
D24
D10
Morne Jacob
(884 m)
N1
D25
N2
N3
0
2,5
5km
6
Morne
des Esses
18
25
©ULYSSE
a
b
c
d
e
x
y
z

Distillerie Saint-James.

ment déchaînée, sa houle virulente rendant téméraire toute tentative de baignade.

Distillerie Saint-James ★★ [3]

visite du musée et dégustation gratuites, 5€ pour la visite guidée de la distillerie pendant la période de la récolte (mars à juin) seulement; tlj 9h à 17h; 05.96.69.30.02, www.rhum-saintjames.com

Rhumerie originellement fondée sur les hauteurs de Saint-Pierre, puis déménagée ici après l'éruption de la montagne Pelée en 1902. On y fabrique des rhums paille, blancs, ambrés et vieux réputés. Grâce à son **Musée du Rhum ★**, vous pourrez vous familiariser avec l'histoire de la culture de la canne à sucre, de 1765 à aujourd'hui. Au programme: machinerie ancienne, gravures, outils et objets divers, réunis dans une coquette maison créole.

Musée de la Banane ★ [4]

7€; tlj 9h à 16h; 05.96.76.27.09, www.museedelabanane.fr

Joliment aménagé au cœur même d'une authentique bananeraie en activité (Habitation Limbé), ce musée présente toutes les facettes de cette composante essentielle de l'agriculture martiniquaise. Ainsi y découvre-t-on les diverses étapes de la culture des bananes autant que les différentes variétés de ce fruit présentes dans l'île. On peut aussi y faire une agréable balade dans un parc de 4 ha entourant une belle maison créole. Également sur place, un restaurant de cuisine créole (La Bananeraie) et une jolie boutique.

Le train des plantations ★ [5]

5€; mar-ven 9h à 14h, sam 9h30 à 13h30; 06.96.86.99.09, www.traindesplantations-rcs.fr

Musée de la Banane.

Balade d'une quarantaine de minutes à bord d'un wagon tiré par une locomotive ancienne le long d'un chemin de fer réhabilité qui sillonne des champs de canne à sucre et de bananiers. Le parcours relie la Distillerie Saint-James et le Musée de la Banane.

Cafés et restos

(voir carte p. 161)

Ti Punch Coco €€ [17]

mer-dim midi seulement; Anse Azérot, 06.96.17.52.22, www.tipunch-coco.com

Petit resto sans prétention, un peu isolé bien que donnant sur la plage de l'Anse Azérot. Terrasse de bois et de bambou. Cuisine familiale constituée de plats simples, copieux et goûteux. Les poissons, très frais, sont particulièrement bien apprêtés.

Le Point de vue €€-€€€ [15]

lun-jeu et sam-dim midi seulement, ven midi et soir; Anse Charpentier, 05.96.69.05.22, www.facebook.com/RestaurantLepointdevue

Sympathique restaurant qui surplombe l'Anse Charpentier, quelques kilomètres après le bourg en direction de Marigot. Sur sa belle et vaste terrasse, vous dégusterez une succulente cuisine créole traditionnelle qui fait la part belle aux plats de poisson et d'écrevisses. Attention: l'établissement est souvent bondé, surtout le vendredi soir quand des musiciens animent le repas; il vaut donc mieux réserver.

Le Saint-James €€-€€€ [16]

dim-ven 10h à 18h, sam 10h à 22h; 05.96.69.07.33, http://restaurant-saint-james.com

Dans l'enceinte même du Musée du Rhum (voir précédemment), Le

Saint-James vous invite à vous attabler dans sa très jolie salle à manger ou sur sa grande terrasse. Un plat du jour ainsi qu'un menu complet à prix avantageux sont toujours proposés. Sur la carte, on remarque tout particulièrement l'assiette spéciale composée d'une demi-langouste et de brochettes de lambi, de crevettes et de poisson.

Morne des Esses

À voir, à faire

(voir carte p. 161)

Situé à environ 7 km au sud-ouest du bourg de Sainte-Marie, le quartier du Morne des Esses mérite une excursion pour sa célèbre coopérative de vanniers.

La Vannerie du Morne des Esses ★ [6]

2€; lun-mar et jeu-ven 8h30 à 12h30 et 13h30 à 16h30, mer 8h30 à 12h30, sam 9h à 12h; 103 impasse de la Vannerie, 05.96.69.83.74, www.vanneriedumornedesesses.com

Dans cet atelier de vannerie, d'habiles artisans confectionnent devant vous paniers, vases, corbeilles et chapeaux selon une méthode de tressage empruntée aux Caraïbes. Ces objets naissent de la combinaison de pailles provenant de deux plantes: le cachibou et l'aroman. On raconte que cette façon de tresser et de teindre la paille fut transmise par les Caraïbes aux «nègres marrons» (esclaves en fuite), qui étaient venus se réfugier ici, ce qui aurait permis à cette tradition de survivre jusqu'à nos jours.

Cafés et restos

(voir carte p. 161)

Le Colibri Parfumé €€€ [18]

mar-dim midi et soir; 4 rue des Colibris, 05.96.69.91.95 ou 09.74.56.73.29, www.le-colibri-parfume.fr

Une cuisine créole inventive et une vue panoramique exceptionnelle sont les principaux ingrédients qu'associe Le Colibri Parfumé pour gagner les cœurs. Buisson d'écrevisses de rivière, cochon de lait, oursin en coquille Saint-Jacques, soufflé de cristophine..., l'imagination du chef ne semble connaître aucune limite. Animation musicale occasionnelle.

Logement

(voir carte p. 161)

Les Z'Amandines € [25]

10 rue Vaton, quartier Saint-Laurent, Morne des Esses, 05.96.69.89.49

Pour ceux et celles qui recherchent le calme, les gîtes de Patrick Duchel et sa conjointe Jenny, couronnés du nom de Les Z'Amandines, sont admirablement situés à flanc de colline dans un coin bien tranquille. Ils prennent la forme de huit pavillons indépendants. Confort minimal, sans télé ni Internet. Les proprios gèrent

La Vannerie du Morne des Esses.

aussi une agence baptisée TAK TAK Martinique, qui organise toutes sortes d'activités rurales.

Le Marigot

À voir, à faire

(voir carte p. 161)

Les historiens s'entendent pour dire que le site actuel de la commune de Marigot était jadis la capitale du peuple Arawak. Plus tard, en 1663, après en avoir chassé les Caraïbes, qui eux-mêmes avaient auparavant chassé les Arawaks, les Français s'installèrent sur ce territoire et y érigèrent la paroisse de Marigot.

La pêche, mais surtout la culture des aubergines, des avocats et des bananes, de même que l'élevage de poules et d'écrevisses, constituent les moyens de subsistance de la plupart des 3 300 Marigotins.

Baie de Fond d'Or [7]
Construit en amphithéâtre en face de l'océan, le bourg vous réserve de jolis panoramas. Ainsi, depuis sa mairie entourée de fleurs et surplombant la mer, vous aurez droit à une superbe vue sur la baie de Fond d'Or où déferlent de puissantes vagues.

Cafés et restos

(voir carte p. 161)

Le Ghetto €€ [19]
le midi et sur réservation le soir;
72 rue Principale, 05.96.53.64.33
Petit resto sans prétention, Le Ghetto propose des classiques de la cuisine créole, comme le court bouil-

Distillerie J.M.

lon de poisson, la fricassée de lambis et, surtout, ses fameux brigots (un coquillage local rarement servi dans les restaurants). L'établissement est aussi un lieu de rencontre pour les artistes du Nord (musiciens, poètes, écrivains...).

Le Koud'Pouss €€-€€€ [20]
mar-jeu et dim midi seulement, ven-sam midi et soir; Anse Charpentier, 05.96.67.17.29
Située au sud du bourg, à l'extrémité nord de l'Anse Charpentier, cette table d'exception propose une cuisine raffinée où s'entremêlent influences françaises et antillaises: escalope de foie gras poêlée et sa crème de banane, magret aux groseilles et bois d'Inde, dés de daurade au curry. Présentation des plats soignée, voire artistique. Élégante terrasse au mobilier de bois en surplomb de l'Anse Charpentier.

Le Lorrain

À voir, à faire

(voir carte p. 161)

Établi au fond d'une grande baie battue par des vagues violentes, Le Lorrain se dénommait autrefois «Grande Anse». Dès 1680, une paroisse y était érigée et, en 1837, Le Lorrain devint officiellement une commune. Nous sommes ici en plein «royaume des bananes» et c'est d'ailleurs la culture de ce fruit qui fait vivre bon nombre des 7 000 Lorinois.

Monument aux morts [8]
Derrière l'église, l'étonnant Monument aux morts, où un poilu de la Première Guerre mondiale, comme on surnommait alors les soldats français, prend la pose avec désin-

volture aux côtés de son ange gardien (symbolisant la France), ne manquera pas d'attirer votre attention.

Achats (voir carte p. 161)

Moulin Jouan [14]
mar-sam 9h à 15h; Morne-Bois, 05.96.53.41.22
La famille Jouan fabrique encore du «sirop de batterie» de manière artisanale en utilisant un vieux moulin à cannes du XIXe s. Le sirop de batterie est obtenu par réduction en faisant bouillir le jus de canne à sucre. Son goût rappelle celui de la mélasse et son usage est le même que celui du miel ou du sirop d'érable.

Basse-Pointe et Macouba

À voir, à faire

(voir carte p. 161)

Lieu de naissance du légendaire Aimé Césaire (1913-2008), écrivain, poète et député-maire de Fort-de-France de 1945 à 2001, Basse-Pointe compte 3 200 habitants qui vivent principalement de la culture des ananas et des bananes. Une proportion importante de la population est par ailleurs composée de descendants des habitants de l'Inde qui vinrent remplacer les Noirs dans les champs après l'abolition de l'esclavage en 1848.

Quelques kilomètres plus loin par une route sinueuse (D10), vous atteindrez le modeste bourg de Macouba (1 100 hab.). Mot d'origine caraïbe, Macouba désignait une variété de poissons jadis très abondante dans la région. Que trouver de mieux comme nom pour ce petit village de pêcheurs! En 1694, le célèbre père Labat devint curé de cette paroisse.

Distillerie J.M ★★ [9]
visite et dégustation gratuites; tlj 9h à 17h; 05.96.78.92.55, www.rhum-jm.com
À la sortie de Basse-Pointe, en direction de Macouba, sur votre gauche, vous croiserez cette distillerie rénovée au milieu des années 2010 qui produit un prestigieux rhum vieux de manière artisanale. Visite originale par des passerelles au-dessus des installations, puis haltes au laboratoire et à un atelier olfactif, qui permet d'apprécier la subtilité des parfums de chaque rhum distillé ici.

Activités (voir carte p. 161)

Excursions en véhicules tout-terrains

Cap Loisirs Martinique – Randonnée Buggy [11]
06.96.20.02.56, www.randobuggymartinique.com
Une façon originale de découvrir les particularités de la région. Circuits de 3h en petits véhicules biplaces à quatre roues motrices au pied

Grand'Rivière.

de la montagne Pelée, à travers les plantations de bananiers, de canne à sucre et d'ananas. Arrêts «baignade» près d'une cascade et «rhum» à la Distillerie J.M. Départ à l'entrée de l'Habitation Leyritz (fermée), près de Basse-Pointe.

Cafés et restos

(voir carte p. 161)

Le Petit Palais, Chez Valence

€€ [21]

mar-dim midi seulement; 8 ruelle Saint-Jean, Basse-Pointe, 05.96.78.90.04

Le Petit Palais conviendra à ceux qui ne jurent que par les fruits de mer: coquille de crabe, langouste grillée, fricassée de lambis... Service souriant.

La route rétrécit beaucoup par la suite et semble s'enfoncer dans la végétation touffue de la forêt tropicale. Le passage sur le pont métallique qui enjambe la rivière Potiche vous donnera littéralement le vertige. Vous rejoindrez bientôt ce qui vous semblera être le bout du monde, Grand'Rivière.

Grand'Rivière

À voir, à faire

(voir carte p. 161)

Le village isolé de **Grand'-Rivière** ★★ mérite à n'en point douter le déplacement. C'est ici que se termine la route, au point le plus septentrional de l'île, là où les maisons des pêcheurs s'agrippent à la falaise qui plonge dans une mer agitée.

Outre ce « sentiment de bout du monde », la tranquillité délicieuse de l'endroit et le spectacle des pêcheurs qui affrontent la houle menaçante de l'océan, Grand'Rivière ne possède aucun attrait touristique comme tel. Tout au plus peut-on mentionner son marché aux poissons, des plus vivants, ainsi que sa pimpante église flanquée d'un cimetière et les maisons colorées qui l'avoisinent.

En contrebas de l'église, il est possible d'aller marcher sur la longue et puissante **digue** ★ qui protège le front de mer depuis 2010. On profite ainsi d'une belle vue sur le port de pêche et le village. Depuis le front de mer, on peut aussi apercevoir l'île de la Dominique, éloignée de la Martinique d'à peine plus de 40 km.

Activités *(voir carte p. 161)*

Randonnée pédestre

Montagne Pelée par Grand'Rivière [13]

Un sentier permet de gravir la montagne Pelée par le nord. C'est le plus long (8 km; 6h de marche, aller seulement), mais aussi le plus progressif. Il est accessible par la D10 un peu avant d'arriver à Grand'Rivière. Cette piste de difficulté moyenne se termine à la hauteur du deuxième refuge, là où commence le **sentier de La Caldeira** (voir p. 145).

De Grand'Rivière au Prêcheur [12]

Un sentier classique de la randonnée en Martinique (voir p. 134).

Cafés et restos

(voir carte p. 161)

Floup-Floup € [23]
05.96.55.71.60

Chez Floup-Floup, situé près de la fin de la route principale sur la gauche, une charmante dame vêtue du costume traditionnel vous concoctera de succulentes glaces au coco, de même que des jus frais, des accras, des poissons frits ou du poulet avec frites.

Le Grill Riverain €€ [24]
tlj midi seulement; port de Grand'Rivière, 06.96.90.42.93, www.facebook.com/Legrillriverain

Terrasse animée qui s'étend jusque sur la pelouse, en bord de mer, près de la grande digue. On y sert dans la bonne humeur langouste, poisson grillé et poulet boucané à prix raisonnables, de même que de très bons jus de fruits frais.

Chez Tante Arlette €€€-€€€€ [22]
mar-dim le midi et pour les résidents de l'hôtel seulement le soir; 3 rue Lucy de Fossarieu, 05.96.55.75.75, www.tantearlette.com

Vénérable institution de Grand'Rivière où l'on vous servira de délicieux accras de titiris et des plats d'écrevisses, des spécialités locales, dans deux grandes salles ou sur sa terrasse. Les gros appétits (et les portefeuilles bien garnis) s'offriront pour leur part la copieuse marmite du pêcheur : poissons, langouste, écrevisses et crabes en fricassée. L'établissement propose aussi une dizaine de chambres à louer.

Vestiges de l'Habitation Latouche.

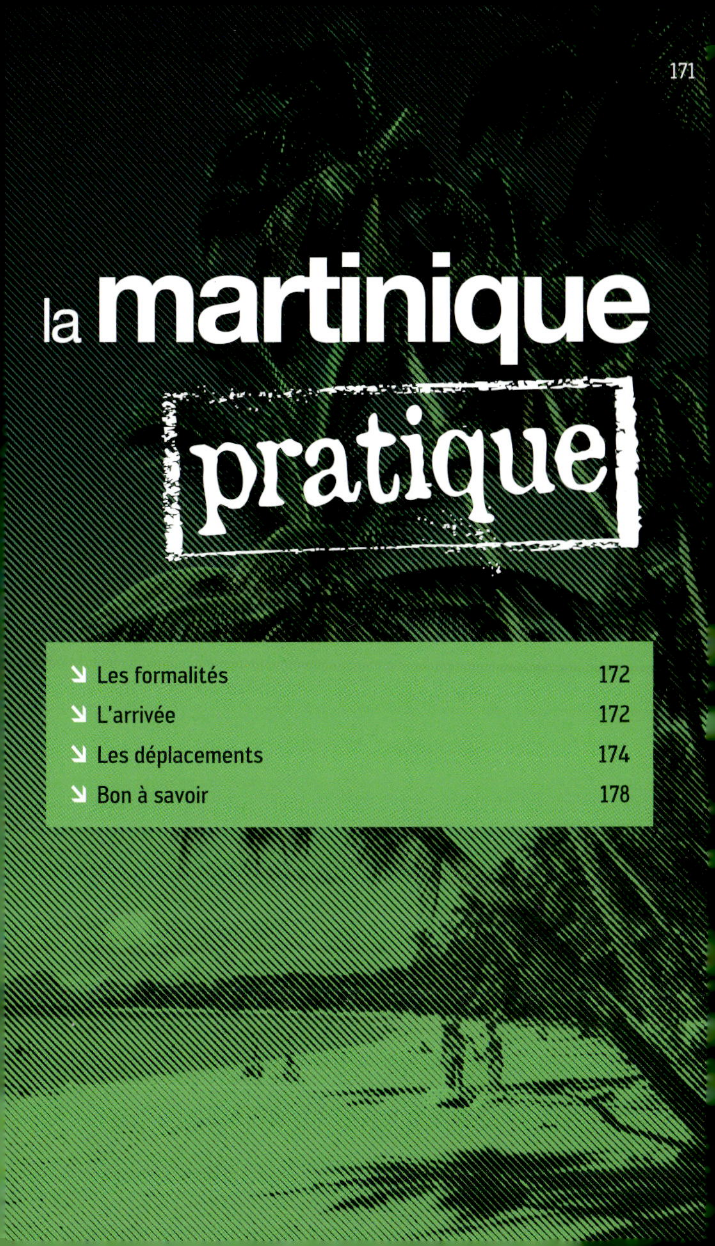

la martinique pratique

Les formalités

Passeport et visa

Pour entrer en Martinique, les citoyens des pays membres de l'Union européenne ou de la Suisse doivent présenter une carte nationale d'identité en cours de validité. Dans le cas d'autres pays, dont le Canada et les États-Unis, un passeport valide pour au moins trois mois à compter de la date de retour prévue suffit pour entrer et aucun visa n'est requis pour un séjour de moins de 90 jours.

Tous les voyageurs, sauf les résidents des pays membres de l'Union européenne et de la Suisse, doivent détenir un billet de retour ou de continuation de voyage et une assurance voyage ainsi que justifier des ressources financières couvrant la durée de leur séjour. Ces formalités pouvant être modifiées sans préavis, il convient de s'informer auprès de l'ambassade ou du consulat de France avant votre départ.

Fort-de-France.

L'arrivée

Par avion

L'**aéroport international Martinique Aimé Césaire (FDF)** *(05.96.42.19.95, www.martinique.aeroport.fr)* est situé dans la ville du Lamentin, à environ 10 km au sud-est de Fort-de-France. Parmi les services offerts dans son hall d'arrivée, mentionnons ceux du **Bureau d'information touristique** *(05.96.42.18.05)* et d'une dizaine d'agences de location de voitures.

Air Canada *(www.aircanada.com)* assure toute l'année une liaison hebdomadaire sans escale, le dimanche, entre Montréal et Fort-de-France. En haute saison, la compagnie ajoute deux autres vols par semaine. D'autre part, **Air Transat** *(www.airtransat.com)* propose des vols nolisés directs aux Québécois.

Air France *(www.airfrance.com)*, **Air Caraïbes** *(www.aircaraibes.com)* et **Corsair** *(www.corsairfly.com)* proposent des vols quotidiens entre Paris (Orly) et Fort-de-France. **LEVEL** *(www.flylevel.com)* assure aussi des liaisons directes fréquentes entre Fort-de-France

et Paris (Orly). **Air Belgium** *(www.airbelgium.com)* relie Bruxelles à Fort-de-France deux fois par semaine.

Les compagnies régionales **Liat** *(www.liat.com)* et **Air Antilles** *(www.airantilles.com)* assurent quant à elle des liaisons entre les différentes îles des Caraïbes.

Outre les **taxis** *(05.96.42.16.66)* et les véhicules destinés aux voyageurs à forfait, il n'y a pas de service de transport organisé depuis l'aéroport jusqu'aux différentes régions de l'île. La location d'une voiture devient dès lors pratiquement incontournable. Un service de **tramway** sur pneus en voie réservée, baptisé Transport collectif en site propre (TCSP), relie toutefois le centre de Fort-de-France à l'aéroport depuis 2018 (voir p. 176).

Par bateau

La Martinique compte parmi les escales inscrites à l'itinéraire de nombreuses croisières maritimes, au départ des États-Unis le plus souvent (New York ou Floride). Plusieurs paquebots accostent au quai des Tourelles, dans le port de commerce, aux portes de Fort-de-France. De là, la course en taxi vers le centre-ville coûte environ 10€. D'autres navires peuvent préférer le terminal de la Pointe Simon, d'où le centre de Fort-de-France ne se trouve qu'à 5 min à pied.

L'**Express des Îles** *(www.express-des-iles.com)* propose par ailleurs des liaisons maritimes entre Fort-de-France et la Guadeloupe, la Dominique, Les Saintes et Sainte-Lucie. L'embarquement à Fort-de-

Tableau des distances

	La Trinité	Sainte-Anne	Saint-Pierre	Le Morne-Rouge	Le François	Grand'Rivière	Fort-de-France	Le Diamant	Les Anses-d'Arlet
Le Diamant									7
Fort-de-France								26	32
Grand'Rivière							44	70	74
Le François						52	21	28	34
Le Morne-Rouge					42	23	22	48	54
Saint-Pierre				7	43	30	22	48	54
Sainte-Anne			65	65	**28**	74	43	28	36
La Trinité		42	45	32	18	32	23	38	44
Les Trois-Îlets	36	33	46	46	25	68	24	15	10

Exemple: la distance entre **Sainte-Anne** et **Le François** est de 28 km.

France se fait au Quai Ouest, à l'entrée du Bassin de Radoub.

Les déplacements

En voiture

Constitué de routes en bon état et bien entretenues, le réseau routier de la Martinique permet d'atteindre la majorité des points de l'île. À certains endroits, les routes deviennent toutefois fort sinueuses et très étroites, ce qui peut surprendre les visiteurs, d'autant plus que les résidents, habitués à ces conditions, roulent souvent à vive allure.

On distingue les routes nationales, à plusieurs voies la plupart du temps, et les routes départementales, plus étroites et ne comptant qu'une voie dans chaque direction. De plus, pour rejoindre certaines plages sauvages du Sud-Atlantique et quelques coins plus isolés, il faut emprunter des chemins de terre battue où l'utilisation d'un véhicule tout-terrain sera préférable à celle d'une voiture de tourisme. Dans la majorité des cas, il n'y a pas d'éclairage la nuit.

Quelques conseils

Il importe que les Nord-Américains sachent qu'aux intersections dépourvues de panneaux d'arrêt, la priorité est donnée aux voitures qui viennent de la droite, peu importe quel véhicule est arrivé en premier. À l'entrée d'un rond-point, les voitures qui s'y sont déjà engagées ont toujours priorité.

Le Marin.

Le port de la ceinture de sécurité est obligatoire.

À l'approche et à l'intérieur des villes, il faut se méfier des nombreux dos d'âne, ces espèces de bosses disséminées çà et là sur la chaussée. Bien entendu, leur raison d'être est louable: ralentir la circulation pour protéger les piétons. Mais, si l'on n'y prend garde, on ne remarque souvent les panneaux les signalant, quand il y en a, qu'après les avoir percutés, imposant du même coup un choc violent à sa voiture.

En comparaison des normes nord-américaines, l'essence coûte cher en Martinique. Pour les Européens cependant, le prix apparaîtra tout à fait habituel.

Location de voitures

Toutes les entreprises internationales de location de voitures proposent leurs services en Martinique, la plupart étant d'ailleurs représentées à l'aéroport. Il est également possible de louer une voiture où que vous vous trouviez dans l'île.

En plus des catégories de voitures de tourisme habituelles, plusieurs agences font la location de véhicules à quatre roues motrices. Cette option permet d'atteindre plus aisément des régions isolées, comme les plages de la côte Sud-Atlantique et certains coins du Nord et de l'intérieur, en pleine forêt tropicale humide.

Le permis de conduire de votre pays d'origine suffit pour louer une voiture en Martinique. Vous devez cependant être âgé de 21 ans ou plus.

En transports en commun

Le réseau de transport en commun de la Martinique comporte trois éléments: les autobus, le Transport collectif en site propre (TCSP) et les taxis collectifs.

Autobus

Le réseau d'autobus, appelé **Mozaïk** *(www.mozaik.mq)*, dessert le centre de l'île, soit les différents quartiers de Fort-de-France et les environs immédiats de la ville. La plupart des trajets passent par le boulevard du Général-de-Gaulle. Comptez 1,45€ pour un trajet, ou 2,70€ pour un ticket aller-retour.

Dans le sud de l'île, le réseau de transport public **SudLIB** *(tarif urbain 1,50€, tarif interurbain 2,10€; https://sudlib.fr)* propose désormais des lignes urbaines, notamment au Diamant, à Trois-Îlets, aux Anses-d'Arlet, à Sainte-Luce, au Marin et à Sainte-Anne, ainsi que des trajets intercommunaux desservis par des bus modernes.

Transport collectif en site propre (TCSP)

Enfin inauguré en 2018 après une longue saga politique, ce service prend la forme d'un tramway sur pneus en voie réservée qui relie Fort-de-France (Pointe Simon) au Lamentin, où se trouve l'aéroport. Dix-huit stations ponctuent le parcours de cette ligne de transport collectif mise en place pour contribuer à décongestionner le centre de l'île et les environs du chef-lieu. Les tarifs sont les mêmes que ceux des autobus Mozaïc.

Taxis collectifs

Pour les régions autres que le centre et le sud de l'île, il faut s'en remettre aux taxis collectifs, des minibus qui relient Fort-de-France aux diverses communes. Ils fonctionnent très tôt le matin et jusqu'à 18h seulement. Le service devient très aléatoire, pour ne pas dire inexistant, le week-end. Les horaires sont aussi très aléatoires.

En auto-stop

L'auto-stop est un «moyen de transport» très utilisé, et ce, un peu partout dans l'île. Le fait que les taxis collectifs ne suivent pas vraiment d'horaires précis, et qu'ils souffrent fréquemment d'un problème de surpopulation, n'est sûrement pas étranger à cette popularité.

Cette pratique comporte toutefois des risques évidents. Ainsi, il arrive que des cas d'agressions soient rapportés, les femmes qui voyagent seules en étant le plus

Transport collectif en site propre (TCSP).

souvent victimes. La prudence est donc de mise.

En taxi

Les taxis privés demeurent un choix acceptable par rapport aux autres moyens de transport, surtout pour de courts trajets. Ils coûtent toutefois assez cher si vous désirez vous déplacer d'une ville à une autre.

On en trouve sans problème à l'aéroport et aux abords des plus grands hôtels. De la même façon, il est aisé d'en dénicher un à Fort-de-France, sur le front de mer ou près de la place de la Savane.

L'application **Coco Martinique** *(https://cocoappli.com)*, version locale d'un service équivalent à Uber, a par ailleurs été lancée en 2018.

En transport maritime

Des navettes maritimes font la liaison entre Fort-de-France et les environs des Trois-Îlets (bourg, Pointe du Bout, Anse Mitan, Anse à l'Âne), de même qu'avec le bourg de Case-Pilote, sur la côte Nord-Caraïbe. Ces services permettent d'éviter, dans un sens comme dans l'autre, la lourde circulation des alentours du chef-lieu de la Martinique. Qui plus est, il s'agit là d'une manière différente de découvrir l'« île aux fleurs », pour ne pas dire d'une attraction en soi. La société **Vedettes Tropicales** *(environs de Trois-Îlets 5€ aller simple, 7€ aller-retour; Case-Pilote 2,80€ aller simple, 5€ aller-retour; 05.96.63.06.46, www.vedettestropicales.com)* exploite ces liaisons.

Bon à savoir

Argent et services financiers

Monnaie

La devise locale est l'euro (€), divisible en 100 centimes (ou cents). Des billets de 5, 10, 20, 50, 100, 200 et 500€ circulent sur le marché, en plus des pièces de 1, 2, 5, 10, 20, 50 centimes, et de 1 et 2€. **Tous les prix indiqués dans ce guide sont en euros**.

Banques

Le meilleur moyen de retirer de l'argent en Martinique consiste à utiliser sa carte bancaire (carte de guichet automatique). On trouve en effet des distributeurs automatiques dans tous les bourgs de l'île. Votre banque pourrait vous facturer des frais fixes lors de chaque retrait, aussi vaut-il mieux éviter de retirer trop souvent de petites sommes.

C'est dans les banques que l'on obtient généralement les meilleurs taux de change lorsqu'il s'agit de convertir des devises étrangères en euros. Elles sont habituellement ouvertes du lundi au vendredi, de 8h à midi et de 14h30 à 16h30.

Cartes de crédit

Les plus importantes cartes de crédit sont acceptées un peu partout, sauf dans des établissements plus modestes, certains gîtes et tables d'hôte. Il convient donc de ne rien tenir pour acquis et de s'informer au préalable.

Taux de change

1€	=	1,53$CA
1€	=	1,08$US
1€	=	1,06CHF
1$CA	=	0,65€
1$US	=	0,93€
1CHF	=	0,95€

N.B. Les taux de change peuvent fluctuer en tout temps.

Boissons

Rhum

L'alcool numéro un produit en Martinique est le rhum, le meilleur des Antilles, prétend-on avec raison, sur un pied d'égalité avec celui d'Haïti. Intimement lié à l'histoire de la Martinique, le rhum relève d'une grande tradition et joue un rôle essentiel dans la culture antillaise. Qui plus est, le rhum agricole martiniquais s'est vu octroyer une qualification d'appellation d'origine contrô-

Habitation Clément.

lée à l'automne 1996, une grande première pour un produit français d'outre-mer. Sa qualité a ainsi été reconnue officiellement par l'Institut National des Appellations Contrôlées, qui, depuis, veille au maintien de ce niveau d'excellence en effectuant des prises d'échantillons régulières pour fins d'analyse. La production est également soumise depuis à de nombreuses conditions portant sur la variété des cannes à sucre utilisées, l'irrigation, la durée de fermentation, les caractéristiques de distillation, etc.

Il y a tout d'abord le rhum vieux, obtenu après vieillissement dans des fûts de chêne (au moins trois ans), d'où il tient sa couleur ambrée, puis le rhum blanc agricole, également tiré du jus de la canne à sucre, le vesou, mais mis en bouteille sans vieillissement en tonneau. Le rhum blanc peut aussi faire un stade de vieillissement d'un an en fût de chêne. Il prend alors une couleur dorée et devient ce qu'il est convenu d'appeler le « rhum paille ».

Quelques distilleries qui transforment le jus de canne à sucre en rhum sont dispersées aux quatre coins de l'île. La plupart proposent d'ailleurs des visites guidées de leurs installations et organisent des dégustations.

Avant les repas, vous vous ferez offrir le traditionnel **ti-punch**, constitué de trois mesures de rhum blanc agricole, d'une mesure de sirop de canne et d'un zeste de citron vert. L'un des cocktails les plus appréciés, parce que plus doux et fruité, demeure cependant le **planteur**, préparé au moyen de

Vue des Pitons du Carbet depuis le Jardin de Balata.

quatre mesures de rhum vieux, une mesure de sirop de canne, quatre mesures de jus d'orange, quatre mesures de jus d'ananas, de la muscade et de la cannelle. En guise de digestif, un **rhum vieux** tient ici la même place prestigieuse que les meilleurs cognacs. Le **shrubb**, une liqueur d'orange à base de rhum, est un autre digestif purement martiniquais.

Bière

On trouve en Martinique plusieurs bières européennes (Heineken, entre autres), de même que la **Lorraine**, une bière locale, brassée au Lamentin. Il s'agit d'une bière blonde, peu alcoolisée, fraîche et désaltérante, au goût très agréable.

La vogue des bières artisanales a rejoint la Martinique avec la création en 2019 de la Petite Brasserie Martiniquaise, à qui l'on doit la **BAM**, une bière blonde au goût affirmé.

Vin

Les caves à vins des restaurateurs martiniquais sont, en règle générale, bien modestes. Après tout, nous ne sommes pas tout à fait en France... Les vins rosés, servis très frais, accompagnent toutefois très bien les mets créoles.

Climat

La température moyenne en Martinique oscille autour de 26°C. La chaleur n'y est jamais excessive, puisque des brises régulières, les alizés, venant de l'est et du nord-est, rafraîchissent les journées. La période la plus appréciée des

Moyennes des températures et des précipitations à Fort-de-France

	Max. (°C)	Min. (°C)	Précipitations (mm)	Jours de précipitations par mois	Heures d'ensoleillement par jour
Janvier	28	21	121	18	7
Février	28	21	89	14	7
Mars	29	22	88	14	7
Avril	30	22	96	12	7
Mai	30	23	123	15	7
Juin	30	24	170	17	6
Juillet	30	24	204	20	6
Août	31	24	252	21	7
Septembre	31	23	236	19	7
Octobre	31	23	270	20	6
Novembre	30	23	224	18	6
Décembre	29	22	159	18	7

Source: Météo France

voyageurs pour visiter la Martinique s'étend grosso modo de janvier à avril. Les températures sont alors agréablement douces. C'est ce que l'on appelle «le carême» ou la saison «sèche», par opposition à la saison des pluies, qui va de mai à décembre. La saison des pluies est particulièrement intense en août, septembre et octobre, avec de fortes averses qui peuvent s'étirer sur plusieurs jours. C'est aussi la période la plus chaude de l'année, alors que le mercure atteint en moyenne 30°C. Étrangement, on dénomme aussi cette saison l'«hivernage». Les risques d'ouragans s'élèvent grandement durant cette période de l'année, surtout en août et en septembre. Les cyclones s'avèrent heureusement peu fréquents, mais sont dévastateurs lorsqu'ils frappent.

Club Med Les Boucaniers.

On peut se baigner dans la mer toute l'année en Martinique, la température de l'eau (en moyenne 27°C) ne variant que de deux ou trois degrés d'une saison à l'autre.

Quoi mettre dans ses valises?

Peu importe la saison, des vêtements de coton, légers et amples, s'imposent. Il ne faut pas oublier le maillot de bain, de même que les chaussures de marche pour ceux qui projettent de partir à la découverte de la forêt tropicale humide ou de la montagne Pelée. Un chandail un peu plus chaud, pour survivre à l'air conditionné ou aller en altitude, et un imperméable, surtout pendant l'hivernage, peuvent également s'avérer très utiles. Prévoyez en outre des vêtements plus chics pour les soirées au restaurant ou au casino. Lunettes de soleil, crème solaire et chapeau devraient aussi se retrouver dans vos bagages.

Décalage horaire

Il y a une heure de décalage entre le Québec et la Martinique durant l'hiver. Lorsque le Québec adopte l'heure avancée, ce décalage est éliminé. Par rapport à l'Europe occidentale, il y a une différence de cinq heures en hiver et de six heures en été.

Électricité

Les prises électriques sont à deux branches rondes et fonctionnent à une tension de 220 volts (50 cycles). Les voyageurs nord-américains doivent se munir d'un adaptateur et, pour certains appa-

reils (fer à friser par exemple), d'un convertisseur.

Un adaptateur différent est également nécessaire pour les appareils à fiches comprenant une prise de terre (fiches à trois branches), comme les ordinateurs.

Femmes voyageant seules

Une femme voyageant seule en Martinique ne devrait pas éprouver de problèmes. Dans l'ensemble, les gens sont gentils et peu agressifs. En général, les hommes sont respectueux des femmes, et le harcèlement est relativement peu fréquent, même si les Martiniquais s'amuseront à draguer les femmes seules. Bien sûr, un minimum de prudence s'impose; par exemple, il faut éviter de se promener seule dans des endroits mal éclairés, tard la nuit. Les voyageuses en solo devraient aussi éviter de recourir à l'auto-stop.

Hébergement

À part le célèbre Club Med Les Boucaniers de la Pointe Marin, près de Sainte-Anne, il n'existe pratiquement pas d'hôtels «tout inclus» en Martinique. L'hôtellerie traditionnelle n'est en fait présente qu'en certains points de l'île, comme à la Pointe du Bout, près du village des Trois-Îlets (Bakoua, Carayou, La Pagerie) et à Sainte-Luce (Pierre et Vacances). Fort-de-France et ses environs comptent quelques hôtels qui s'adressent d'abord aux gens d'affaires (La Batelière, Valmenière, Hôtel Simon).

La location d'appartements et de maisons est par contre très répandue un peu partout dans l'île, notamment à Sainte-Anne et Sainte-Luce, où l'offre s'avère particulièrement abondante. La formule des **gîtes ruraux** *(05.96.73.74.74, www.gitesdefrance-martinique.com)* est également présente dans pratiquement toutes les régions. Finalement, pour ceux qui souhaitent s'offrir une petite folie, quelques hôtels de charme assez exceptionnels se trouvent sur la côte Atlantique, principalement dans les environs du François (La Frégate Bleue, La Maison de l'Îlet Oscar, Hôtel Plein Soleil).

Anse d'Arlet.

Prix

L'échelle utilisée dans ce guide donne des indications de prix en vigueur durant la haute saison pour une chambre standard pour deux personnes.

€	moins de 75€
€€	75€ à 100€
€€€	101€ à 150€
€€€€	151€ à 250€
€€€€€	plus de 250€

Heures d'ouverture

Les heures d'ouverture des magasins vont de 9h à 13h et de 15h à 18h du lundi au vendredi et de 9h à 13h le samedi. Outre les grandes rues commerçantes de Fort-de-France, il existe plusieurs centres commerciaux dans les environs (Cluny, Dillon, Bellevue, Le Lamentin, etc.).

Jours fériés

Voici la liste des jours fériés en Martinique. La plupart des magasins, services administratifs et banques sont alors fermés.

Jour de l'An
1er janvier

Lundi de Pâques
Variable

Fête du Travail
1er mai

Armistice de 1945
8 mai

Abolition de l'esclavage
22 mai

Ascension
Variable

Pentecôte
Variable

Fête nationale
14 juillet

Assomption
15 août

Toussaint
1er novembre

Armistice de 1918
11 novembre

Noël
25 décembre

Pourboire

Partout, les taxes et le service sont compris dans le prix: restaurant, hôtel, taxi. Cependant, au restaurant en particulier, on vous sera reconnaissant de laisser quelques pièces, surtout lorsque vous jugez avoir bénéficié d'un service exceptionnel.

Renseignements touristiques

La grande majorité des communes martiniquaises disposent d'un office de tourisme ou d'un syndicat d'initiative dont l'un des rôles consiste à accueillir et à renseigner les visiteurs. Leurs bureaux, habituellement situés au cœur des bourgs, sont faciles à repérer.

De plus, le Comité martiniquais du tourisme est installé à Fort-de-France:

Comité martiniquais du tourisme: Tour Lumina, 5 rue Loulou Boislaville, 05.96.61.61.77, www.martinique.org

Christophine.

France

Comité martiniquais du tourisme:
32 bd Haussmann, Paris, 01.44.77.86.00, www.martinique.org

Canada

Office du Tourisme de la Martinique au Canada:
1800 av. McGill College, bureau 2910, Montréal, 514-844-8566, https://ca.martinique.org

Restaurants et gastronomie

La Martinique regorge de bonnes tables dans toutes ses régions, et il est possible de s'offrir d'excellents repas. Il s'agit là, à n'en point douter, d'une des grandes qualités de cette «destination soleil». La rencontre en ces lieux des traditions culinaires françaises et créoles permet en effet à la Martinique de proposer une restauration variée et de bon calibre.

En règle générale, les heures de service dans les restaurants s'étendent de midi à 15h et de 19h à 22h. Quelques-uns ne proposent que le repas du midi et d'autres que le dîner, à compter de 19h. La plupart ferment leurs portes une journée par semaine. Il est fortement conseillé de réserver, surtout en saison touristique de pointe, et de vérifier par la même occasion si les cartes de crédit sont acceptées, car ce n'est pas toujours le cas.

L'échelle de prix utilisée dans ce guide permet de donner des indications du coût d'un repas pour une personne, avant les boissons, mais incluant taxes et service. D'ailleurs, tous les prix affichés sur les menus de la Martinique sont des prix nets, c'est-à-dire qu'ils incluent les taxes et le service. Toutefois, il est de mise de laisser quelques pièces pour montrer son appréciation.

€	moins de 20€
€€	20€ à 30€
€€€	31€ à 45€
€€€€	plus de 45€

La cuisine créole

Voir le lexique gastronomique à la p. 204.

Pendant votre séjour en Martinique, vous en profiterez pour vous familiariser avec la gastronomie créole, une cuisine variée et tout à fait délectable.

Plusieurs tables de la Martinique préparent encore aujourd'hui la cuisine créole traditionnelle, un mélange d'influences provenant d'Afrique, d'Inde, de France et des Caraïbes, alors que d'autres se sont lancées dans l'aventure de la nouvelle cuisine créole, qui, tout en utilisant les produits locaux, s'inspire des courants français les plus récents.

Les poissons, les crustacés et les mollusques sont les grandes vedettes de cette cuisine. Mentionnons le vivaneau, le bar et le requin, pour ce qui est des poissons, de même que le lambi, la langouste, le crabe, l'oursin et l'écrevisse (ici appelée «z'habitant») pour les crustacés. Quelques viandes sont également servies, comme le cabri (chevreau), le mouton et le porc, ainsi que de la volaille, dont le poulet.

Langouste.

Tous ces mets voient leur saveur rehaussée par l'utilisation de nombreuses épices, parmi lesquelles figurent, outre les nombreuses variétés de piments, le bois d'Inde, la muscade et la cannelle.

De plus, l'utilisation d'une quantité impressionnante de légumes propres aux Antilles, les «légumes pays» (christophine, igname, manioc, ti-nain, etc.), contribue à donner une couleur unique à la cuisine d'ici.

Comme entrée d'un bon repas créole, vous vous ferez souvent pro-

Mancenille.

poser les accras, de savoureux beignets de poisson, de fruits de mer ou de légumes, que vous dégusterez en même temps que le ti-punch en guise d'apéritif. Parmi les autres entrées traditionnelles, notons le féroce (purée d'avocats mêlée à de la morue), le pâté en pot (potage d'abats de mouton et de légumes), le boudin créole, le crabe farci et les soupes z'habitants ou au poisson.

Comme plats principaux, les grandes vedettes sont les blaffs (poissons blancs ou crustacés plongés dans l'eau bouillante), le court-bouillon (poisson rouge cuit dans un roux à base de tomate et de piment) et les colombos de cabri, de poulet, de crabe, de poisson ou de tortue (plats originaires de l'Inde rappelant les currys).

Pour le dessert, laissez-vous aller à la dégustation d'un délicieux blanc-manger, d'un savoureux sorbet aux fruits tropicaux ou d'une succulente glace coco.

Santé

Aucun vaccin n'est exigé pour entrer en Martinique. Toutefois, le vaccin contre la fièvre jaune est obligatoire pour les voyageurs qui arrivent de régions infectées.

L'équipement sanitaire s'avère moderne et varié dans l'île. Il est donc généralement facile et sûr de se faire soigner dans les établissements du réseau de santé de la Martinique, composé d'hôpitaux et de nombreuses cliniques.

L'eau est potable partout dans l'île et ne présente par conséquent aucun danger.

Les mancenilliers

La flore de la Martinique, principalement aux abords des plages, compte parmi ses espèces un arbre dangereux, le mancenillier. Cet arbre de la famille des euphorbiacées produit un suc laiteux très vénéneux qui peut provoquer de graves brûlures. Il faut particulièrement se méfier du liquide qui s'échappe lors de la brisure d'une branche, d'une feuille ou de son fruit, la mancenille, qui ressemble à une petite pomme.

L'erreur à ne pas commettre consiste à s'y abriter du soleil ou, pis encore, de la pluie. Les mancenilliers sont généralement marqués d'un trait de peinture rouge, ce qui facilite leur repérage. Cependant, l'Office National des Forêts prévient qu'ils ne le sont pas tous. Il convient donc de bien observer ceux dont l'identité ne fait aucun doute pour pouvoir démasquer les autres.

Si, même en prenant ces précautions, vous deviez subir une brûlure causée par le latex du mancenillier, consultez immédiatement un médecin.

Les insectes

Les moustiques et les yen-yens (sorte de petites mouches noires), qu'on trouve en abondance un peu partout dans l'île, s'avèrent souvent fort désagréables. Munissez-vous donc de bons insectifuges et dormez sous une moustiquaire. Pour minimiser les risques d'être piqué, couvrez-vous bien, évitez les vêtements de couleurs vives et ne vous parfumez pas. N'oubliez pas que les insectes sont plus actifs au coucher du soleil. Lors de promenades

Le Diamant.

dans les montagnes et dans les régions forestières, des chaussures et chaussettes protégeant les pieds et les jambes seront certainement très utiles. Il est aussi conseillé d'apporter des pommades pour calmer les irritations dues aux piqûres.

Les serpents

En territoire boisé, pour faire de la randonnée pédestre par exemple, il convient d'être bien chaussé (chaussures de marche fermées, chaussettes) pour se protéger du « fer-de-lance », un serpent venimeux de la famille des trigonocéphales toujours présent en Martinique.

Le soleil

Apportez toujours une crème solaire qui protège des rayons nocifs du soleil. Une trop longue période d'exposition peut d'autre part causer une insolation (étourdissement, vomissement, fièvre...). Les premières journées surtout, il est nécessaire de bien se protéger et de ne pas prolonger les périodes d'exposition, car on doit d'abord s'habituer au soleil. Par la suite, il faut éviter les abus. Le port d'un chapeau et de verres fumés peut aider à contrer les effets néfastes du soleil.

Les algues sargasses

Comme les autres destinations caraïbes, la Martinique n'échappe pas à l'invasion des algues sargasses, principalement sur sa côte Atlantique, depuis le début des années 2010. Leur présence sur certaines plages s'accompagne d'odeurs désagréables qui peuvent provoquer maux de tête et nausées.

La trousse de santé

Une petite trousse de santé permet d'éviter bien des désagréments. Veillez à emporter une quantité suffisante de tous les médicaments que vous prenez habituellement ainsi qu'une ordonnance valide pour le cas où vous les perdriez. Les autres médicaments, tels que ceux contre la malaria et l'Imodium (ou un équivalent), devraient être achetés avant le départ. De plus, n'oubliez pas d'emporter une paire de lunettes supplémentaire, si vous en portez.

Sécurité

Bien que la Martinique ne soit pas une région dangereuse, les voleurs demeurent présents. Une certaine prudence est donc toujours de mise. Ne laissez par exemple rien de visible dans la voiture et utilisez une ceinture de voyage pour dissimuler argent et passeport. Il convient aussi d'éviter de se balader dans le centre de Fort-de-France une fois la nuit tombée.

Télécommunications

Pour téléphoner en Martinique depuis le Québec, il faut composer le 011 596 596, puis les six derniers chiffres du numéro de son correspondant. Depuis la France, il faut composer directement le numéro de 10 chiffres au complet, incluant le préfixe 05.96 (06.96 pour les numéros de téléphone portable). Depuis la Belgique ou la Suisse, il faut composer le 00.596, puis le numéro.

Pour joindre le Québec depuis la Martinique, il faut composer le 001, l'indicatif régional et finalement le numéro. Pour atteindre la France, faites tout simplement le numéro de 10 chiffres commençant par 01 (Paris et Île-de-France), 02 (Nord-Ouest), 03 (Nord-Est), 04 (Sud-Est) ou 05 (Sud-Ouest). Pour téléphoner en Belgique, composez le 00.32, puis le numéro. Pour appeler en Suisse, faites le 00.41 et le numéro de votre correspondant.

La majorité des hôtels, ainsi que certains restaurants et bars, rendent Internet sans fil accessible gratuitement à leurs clients. À Fort-de-France, le service Foyal Wifi permet en outre de se connecter sans frais partout au centre-ville.

Voyageurs à mobilité réduite

L'organisme **Martinique Access'Île** *(05.96.55.11.71 ou 06.96.39.20.00, http://handicaptourisme.net)*, créé par Noël Cicalini, lui-même handicapé physique, répertorie les établissements (gîtes, hôtels, restaurants) accessibles aux personnes à mobilité réduite, propose la location de fauteuils roulants et autres équipements spécialisés, et organise même des activités de loisirs à l'intention de ces voyageurs (plongée, excursions nautiques et autres).

Carnaval.

Calendrier des événements

Février – Mars

Semaine nautique internationale de Schœlcher
www.cnschoelcher.net
Compétition internationale de voile annuelle qui existe depuis 1991.

Carnaval
À compter du vendredi précédant le mercredi des Cendres. Voir aussi p. 12.

Salon du Voyage et des Vacances
Palais des Congrès de Madiana, Schœlcher
Salon annuel où les professionnels de l'industrie touristique présentent leurs prestations.

Mai

Semaine gastronomique de Sainte-Marie
Grande célébration de la cuisine créole, à laquelle participent les meilleurs chefs de la Martinique.

Le Mai de Saint-Pierre
Commémoration de l'éruption de 1902 de la montagne Pelée. Expositions, spectacles et concerts s'étendent sur tout le mois.

Juillet – Août

Tour cycliste de Martinique
www.cyclismemartinique.com
Compétition annuelle de cyclisme sur route.

Festival culturel de Fort-de-France
www.fortdefrance.fr

Tour de la Martinique des yoles rondes.

Un mois de musique, de danse, de théâtre et d'arts visuels. Ce festival existe depuis 1972.

Tour de la Martinique des yoles rondes
www.tourdesyoles.com
Le plus important événement sportif de la Martinique. Quelque 600 navigateurs participent à cette course nautique colorée.

Novembre – Décembre

Fête du Rhum
Dans les jardins de la Distillerie Saint-James, à Sainte-Marie.

La Transmartinique
https://transmartinique.tracedetrail.fr
Un «ultra-raid» (course nature) de 130 km et 5 200 m de dénivelé positif, de Grand'Rivière, au nord de l'île, à Sainte-Anne, tout au sud.

Les Boucans de la Baie
Journée d'animation organisée le 30 décembre sur la place de la Savane, qui se termine par un grand feu d'artifice au-dessus de la baie de Fort-de-France.

Martinique Jazz Festival
Concerts de jazz et de musiques du monde, à Fort-de-France et ailleurs en Martinique.

Semi-Marathon International de Fort-de-France
www.semimartinique.com
Course à pied de 21,1 km.

Saint-Pierre.

index

K

L

M

N

P

Maison du Bagnard.

lexique

Lexique général

Ajoupa	Hutte de branchages chez les Arawaks
Anse	Baie au bord de laquelle se trouve généralement une plage
Arawaks	Peuple autochtone; premiers habitants de l'île
Béké	Personne de race blanche, généralement propriétaire foncier, née aux Antilles (Blanc créole)
Biguine	Danse traditionnelle antillaise, lascive et suggestive
Câpre, Câpresse	Personne née de l'union entre un Noir et une mulâtresse ou entre un mulâtre et une Noire
Caraïbes	Second peuple amérindien à s'être établi sur l'île, qui a délogé les Arawaks
Carbet	Plus grande case du village chez les Caraïbes, là où se tenaient les réunions
Carême	Saison sèche (décembre à mai)
Case	Petite maison traditionnelle
Caye	Récif
Coolies	Engagés venus de l'Inde après l'abolition de l'esclavage
Créole	Peuple des Antilles, toutes origines confondues
Doudou	Mot doux signifiant «chéri»
Fonds blancs	Hauts fonds sablonneux protégés par des récifs de corail et où le profondeur de la mer atteint à peine 1 m
Gommier	Barque de pêcheur fabriquée traditionnellement avec l'arbre du même nom selon une technique caraïbe

Habitation	Domaine agricole
Hivernage	Saison des pluies (juin à novembre)
Îlet	Petite île
Madras	Étoffe à grands carreaux portée en guise de coiffure traditionnelle par les femmes antillaises et dont les motifs sont originaires du sud de l'Inde, d'où le nom
Mangrove	Forêt littorale se développant dans la vase où poussent de nombreux palétuviers
Marrons	Désignait les esclaves noirs s'étant échappés de l'habitation de leur maître
Métros	Français métropolitains en poste aux Antilles
Morne	Colline
Mulâtre	Métis né de l'union entre un Blanc et une Noire ou entre un Noir et une Blanche
Négritude	Terme désignant l'ensemble de la culture noire, inventé par Aimé Césaire, qui cherchait ainsi à transformer le sens du mot « nègre »
Pitt	Arène où sont présentés les combats de coqs
Quadrille	Danse traditionnelle où un commandeur donne les instructions aux participants quant aux figures à réaliser
Quarteron	Personne née de l'union entre un Blanc et une mulâtresse ou entre un mulâtre et une Blanche
Quartier	Hameau, lieu-dit
Quimbois	Superstitions liées à la médecine par les plantes, la sorcellerie et la magie
Raisinier	Petit arbre aux feuilles rondes et cirées bordant souvent les plages
Savane	Étendue herbeuse
Senne	Très grand filet de pêche dont l'utilisation nécessite la participation de plusieurs barques
Ti-baume	Broussaille très répandue sur la côte Caraïbe
Ti bo	Baiser

Trace	Sentier en forêt ou en montagne
Yole	Embarcation à voiles de compétition
Zombi	Mauvais esprit nocturne
Z'oreilles	Français métropolitain (péjoratif)
Zouk	Musique moderne antillaise très rythmée

Lexique gastronomique

Accras	Beignets frits de poisson (morue), de fruits de mer (crevettes, écrevisses) ou de légumes
Bébélé	Tripes de mouton bouillies
Blaff	Poissons ou fruits de mer cuits dans l'eau bouillante épicée; c'est en fait l'onomatopée du bruit que fait le poisson lorsque trempé dans l'eau bouillante
Blanc-manger	Dessert gélatineux à base de noix de coco
Boudin créole	Boudin noir au goût relevé par des épices comme le bois d'Inde et le piment
Cabri	Chevreau tenant la place de l'agneau dans la cuisine créole
Calalou	Soupe d'herbes et de légumes auxquels sont ajoutés des morceaux de crabe et de porc
Chatrou	Petite pieuvre
Chiquetaille	Morue grillée et déchiquetée, servie en vinaigrette
Chou coco	Cœur de cocotier mangé cru; mets très rare, car obtenu après l'abattage d'un cocotier
Chou-pays	Tubercule comestible différent de son homonyme européen, qui porte plutôt ici le nom de « chou-France »
Christophine	Légume apparenté au concombre, également appelé chayotte et particulièrement apprécié sous forme de gratin
Cirique	Petit crabe de mer
Colombo	Mélange d'épices rappelant le curry saupoudré sur la viande, la volaille ou le poisson

Court-bouillon	Préparation à base de tomate, de piment et d'oignon pour cuire le poisson
Corossol	Fruit à chair laiteuse
Féroce	Entrée à base d'avocat, de morue, de farine de manioc et de piment, qui prend la forme de boulettes
Gambas	Crevettes
Giraumon	Potiron
Glace coco	Dessert glacé
Igname	Tubercule comestible aux nombreuses variétés
Kassav (ou cassave)	Galette préparée avec de la farine de manioc
Lambi	Gros coquillage comestible
Manioc	Arbuste dont les racines sont utilisées pour fabriquer de la farine et du tapioca
Maracudja	Fruit de la passion
Matoutou	Fricassée de crabe
Pâté en pot	Potage aux abats de cabri, agrémenté de légumes, de câpres, de vin blanc et, à l'occasion, de rhum
Poulet boucané	Poulet fumé, qui cuit pendant des heures dans un genre de barbecue fermé
Sauce chien	Bouillon non relevé, préparé à l'aide de cive, d'oignon, de piment et de persil, qui peut accompagner les viandes et les poissons, mais aussi servir de vinaigrette pour les salades
Soudon	Palourde
Ti-nain	Petite banane non sucrée, servie comme légume
Ti-punch	Apéritif composé de rhum, de sirop de canne et d'un zeste de citron vert
Titiri	Minuscule poisson de rivière, spécialité de la région de Grand' Rivière
Touffé	Cuisson à l'étouffée
Z'habitant	Grosse écrevisse

Jardin de Balata.

Crédits photographiques

p. 4 © iStockphoto.com/thierry64; p. 6 © iStockphoto.com/htomas; p. 8 © Shutterstock.com/T photography; p. 8 © iStockphoto.com/Damien VERRIER; p. 8 © wikimedia, Stéphane ROMANY / CC BY-SA (https://creativecommons.org/licenses/by-sa/4.0); p. 8 © Claude Morneau; p. 9 © Shutterstock.com/Judith Lienert; p. 9 © iStockphoto.comMarc Bruxelle; p. 9 © Claude Morneau; p. 9 © Claude Morneau; p. 9 © iStockphoto.com/thierry64; p. 9 © iStockphoto.com/CatherineL-Prod; p. 11 © iStockphoto.com/Mariedofra; p. 13 © wikimedia, Musée national du Château de Fontainebleau / Public domain; p. 15 © Dreamstime.com/Lucian Milasan; p. 17 © iStockphoto.com/Derek Galon; p. 18 © Dreamstime.com/Philippehalle; p. 19 © iStockphoto.com/ajbarr; p. 20 © iStockphoto.com/Marc TRIBES; p. 21 © Shutterstock.com/Sirbrain; p. 22 © Judy Tan; p. 23 © iStockphoto.com/guy-ozenne; p. 24 © iStockphoto.com/Marc Bruxelle; p. 25 © Claude Morneau; p. 26 © Claude Morneau; p. 29 © iStockphoto.com/thierry64; p. 33 © Dreamstime.com/Kovalenkov Petr; p. 35 © Claude Morneau; p. 35 © Claude Morneau; p. 36 © Gaël Chardon, flickr.com/gael/3412164281 (CC BY-SA 2.0); p. 38 © Claude Morneau; p. 40 © Claude Morneau; p. 42 © iStockphoto.com/thierry64; p. 47 © iStockphoto.com/Jonas Hanspach; p. 49 © Shutterstock.com/Judith Lienert; p. 50 © Claude Morneau; p. 53 © iStockphoto.com/Damien VERRIER; p. 54 © Dreamstime.com/Mike Fouque; p. 57 © Claude Morneau; p. 58 © Dreamstime.com/Philippehalle; p. 60 © Shutterstock.com/Pack-Shot; p. 61 © Dreamstime.com/Philippehalle; p. 63 © iStockphoto.com/gydyt0jas; p. 65 © Claude Morneau; p. 67 © Claude Morneau; p. 68 © Claude Morneau; p. 70 © Claude Morneau; p. 75 © Claude Morneau; p. 76 © Claude Morneau; p. 79 © Claude Morneau; p. 81 © Claude Morneau; p. 82 © Claude Morneau; p. 85 © iStockphoto.com/Damien VERRIER; p. 86 © Claude Morneau; p. 87 © Claude Morneau; p. 88 © Claude Morneau; p. 91 © Claude Morneau; p. 93 © Claude Morneau; p. 94 © Dreamstime.com/Elementals83; p. 96 © Dreamstime.com/Dpvue; p. 100 © iStockphoto.com/thierry64; p. 103 © Judy Tan; p. 104 © iStockphoto.com/Garder_le_Kap; p. 106 © iStockphoto.com/Garder_le_Kap; p. 108 © Shutterstock.com/Dmitri V Tonkopi; p. 112 © wikimedia, Remy Gumbs (shady P) / CC BY-SA (https://creativecommons.org/licenses/by-sa/3.0); p. 114 © Wikimedia/ Aristoi / CC BY-SA (https://creativecommons.org/licenses/by-sa/3.0); p. 116 © Dreamstime.com/Philippehalle; p. 119 © Dreamstime.com/Philippehalle; p. 120 © iStockphoto.com/jlazouphoto; p. 122 © Claude Morneau; p. 124 © Dreamstime.com/Raphael Chay; p. 127 © Claude Morneau; p. 128 © Dreamstime.com/Philippehalle; p. 131 © Claude Morneau; p. 133 © Dreamstime.com/Arlequin75; p. 135 © Shutterstock.com/Willy JOSEPH-LOUIS; p. 137 © Claude Morneau; p. 140 © Dreamstime.com/Stefan Vieth; p. 141 © Shutterstock.com/Nicola Pulham; p. 142 © Shutterstock.com/Dmitri V Tonkopi; p. 144 © Dreamstime.com/Philippehalle; p. 145 © iStockphoto.com/Vadim_Nefedov; p. 147 © Shutterstock.com/photoshooter2015; p. 149 © iStockphoto.com/thierry64; p. 153 © Dreamstime.com/Photogolfer; p. 154 © Shutterstock.com/Pack-Shot; p. 156 © Claude Morneau; p. 159 © iStockphoto.com/jlazouphoto; p. 162 © Shutterstock.com/Pack-Shot; p. 163 © Dreamstime.com/Philippehalle; p. 165 © wikimedia, Stéphane ROMANY / CC BY-SA (https://creativecommons.org/licenses/by-sa/4.0); p. 166 © Dreamstime.com/Philippehalle; p. 168 © Dreamstime.com/Philippehalle; p. 170 © Shutterstock.com/photoshooter2015; p. 173 © iStockphoto.com/Instants; p. 175 © Claude Morneau; p. 177 © Claude Morneau; p. 179 © Judy Tan; p. 180 © iStockphoto.com/thierry64; p. 182 © iStockphoto.com/Damien VERRIER; p. 184 © iStockphoto.com/Media Raw Stock; p. 186 © Dreamstime.com/Kampwit; p. 187 © Shutterstock.com/T photography; p. 188 © iStockphoto.com/shakzu; p. 189 © Gaël Chardon, flickr.com/gael/3411858406 (CC BY-SA 2.0); p. 190 © Dreamstime.com/Damien VERRIER; p. 192 © Shutterstock.com/Brizetphoto; p. 193 © Shutterstock.com/Drone Caraibes; p. 194 © iStockphoto.com/Fikander82; p. 200 © Dreamstime.com/Thierry Tete; p. 206 © iStockphoto.com/thierry64